Jorge Capela

Adaptação da Wiki dos meios de comunicação semânticos para apoiar a engenharia organizacional

Jorge Capela

Adaptação da Wiki dos meios de comunicação semânticos para apoiar a engenharia organizacional

ScienciaScripts

Imprint
Any brand names and product names mentioned in this book are subject to trademark, brand or patent protection and are trademarks or registered trademarks of their respective holders. The use of brand names, product names, common names, trade names, product descriptions etc. even without a particular marking in this work is in no way to be construed to mean that such names may be regarded as unrestricted in respect of trademark and brand protection legislation and could thus be used by anyone.

Cover image: www.ingimage.com

This book is a translation from the original published under ISBN 978-620-2-00458-9.

Publisher:
Sciencia Scripts
is a trademark of
Dodo Books Indian Ocean Ltd. and OmniScriptum S.R.L publishing group

120 High Road, East Finchley, London, N2 9ED, United Kingdom
Str. Armeneasca 28/1, office 1, Chisinau MD-2012, Republic of Moldova, Europe
Printed at: see last page
ISBN: 978-620-7-90533-1

Índice:

Capítulo 1   5

Capítulo 2   7

Capítulo 3   24

Capítulo 4   25

Capítulo 5   31

Capítulo 6   68

Adaptado do *SemanticMediaWiki* para suporte a Engenharia Organizacional

Adaptação *da SemanticMediaWiki* para apoiar a Engenharia Organizacional

Universidade daMadeira

Júri

Presidente: Professor Doutor Eduardo Leopoldo Fermé

Vogal: Professor Doutor lan Oakley

Vogal (Orientador): Professor Doutor David Sardinha Andrade de Aveiro

Resumo

As organizacoes possuem processos de gestao e de operacionalizacao que se tornam cada vez mais diversificados e complexos. Estes processos podem partilhar diversas características, por exemplo, são: realizados por pessoas; constrangidos por recursos limitados e planeados, executados e controlados. Na maior parte das organizares, a caraterística "planeamento, execugao e controlo" não é eficazmente colocada em prática: as pessoas diversificam fungoes mas os processos continuam complexos e muitas vezes sao conduzidos sem urna estrutura lógica. Tal deve-se a diversos factores: as pessoas nao conhecem exatamente a missao da organizacao, nem os seus papeis de actores enquanto recursos humanos; as organizacoes nao possuem mecanismos adequados para lidar com os processos organizacionais, o que resulta num forte impacto na sua competitividade. A chave para garantir essa competitividade passa por descrever, estandardizar e adaptar a forma de responder a determinados tipos de eventos de negocio e a sua interaegao com fomecedores, parceiros de negocio, organizagóes concorrentes e clientes.

Neste contexto surge a modelagao associada á Engenharia Organizacional com o objetivo de construir representagoes de factos organizacionais para criar e desenvolver urna consciencia colectiva da realidade organizacional (self-awareness) ñas organizagóes. A abordagem desta dissertação centra-se na utilização da metodologia *DEMO {Design and Engineering Methodology for Organizations)*, criada e desenvolvida por Jan L. G. Dietz, com o intuito de auxiliar a referida modelação através de um wiki semântico *(SemanticMediaWiki)*.

O contexto deste projeto insere-se na adaptação do *Semantic MediaEiki* para suporte á Engenharia Organizacional e permitir a modelação dos processos organizacionais, baseada na metodologia *DEMO*. A nossa investigação e implementação procuram: formalizar factos organizacionais ñas páginas do *Semantic MediaWikf* e adaptar o *Semantic MediaWiki* para gerar automáticamente diagramas *DEMO* com base ñas páginas wiki que contem a formalização dos factos organizacionais.

Palavras-chave: Engenharia Organizacional, *Metodologia DEMO, Semantic MediaWiki, Graphviz*, geração automática de diagramas, diagrama SVG.

Resumo

As organizações têm processos de operação e gestão cada vez mais diversificados e complexos. Estes processos podem partilhar várias características, por exemplo: são realizados por pessoas; são condicionados por recursos limitados; são planeados, executados e controlados. Na maioria das organizações, a caraterística "planeamento, execução e controlo" não é efetivamente posta em prática: as pessoas diversificam as funções, mas os processos permanecem complexos e são frequentemente conduzidos sem uma estrutura lógica. Esta situação deve-se a vários factores: as pessoas não conhecem exatamente a missão da organização ou o seu papel enquanto actores e recursos humanos; as organizações não dispõem de mecanismos adequados para lidar com os processos organizacionais, o que tem um forte impacto na sua competitividade. A chave para garantir essa competitividade é descrever, normalizar e adaptar a forma de responder a determinados tipos de eventos empresariais e a sua interação com fornecedores, parceiros comerciais, concorrentes e clientes das organizações.

Neste contexto, surge a modelação associada à Engenharia Organizacional com o objetivo de construir representações organizacionais de factos para criar e desenvolver uma consciência colectiva da realidade organizacional (self-awareness) nas organizações. A abordagem desta dissertação centra-se na utilização da metodologia *DEMO (Design and EngineeringMethodologyfor Organizations)*, criada e desenvolvida por Jan L. G. Dietz, com o objetivo de auxiliar essa modelação através de uma wiki semântica *(SemanticMediaWiki)*.

O contexto deste projeto é a adaptação do *Semantic MediaWiki* para apoiar a Engenharia Organizacional e permitir a modelação de processos organizacionais com base na metodologia *DEMO*. Nossa pesquisa e implementação visam: formalizar fatos organizacionais utilizando páginas *Semânticas do MediaWiki*; e adaptar *o Semantic MediaWiki* para gerar automaticamente diagramas *DEMO* com base nas páginas wiki que contêm a formalização dos fatos organizacionais.

Palavras-chave: Engenharia Organizacional, *Metodologia DEMO, Semantic MediaWiki, Graphviz*, geração automática de diagramas, diagrama SVG.

Capítulo 1

1 Introdução

O foco principal do nosso projeto será a adaptação do *Semantic MediaWiki* para suportar a Engenharia Organizacional. No final, deveremos ser capazes de armazenar informação textual e informação gráfica relacionada com uma organização. Por informação textual entendemos a utilização do *Semantic MediaWiki* para armazenar artefactos organizacionais através de propriedades semânticas e atribuindo-lhes algum valor. Por informação gráfica entendemos a utilização do *Semantic MediaWiki* para gerar e manipular diagramas que são representações dessa informação textual.

Neste capítulo, vamos definir a motivação do projeto, definir os nossos objectivos, descrever o projeto e o seu contexto e fazer uma abordagem ao conteúdo dos capítulos.

1.1 Motivação

Os projectos de TI (cerca de 75%) não cumprem as expectativas dos seus utilizadores. Uma das principais causas é um conhecimento insuficiente ou inadequado da realidade organizacional a ser automatizada ou suportada por um sistema de informação (SI). A disciplina de Engenharia Organizacional surgiu na década de 90 e agrega conceitos e métodos de engenharia aplicados à organização com o objetivo de compreender e representar as diversas facetas da mesma, bem como facilitar a análise e mudança organizacional, independentemente da implementação de SIs. As Wikis Semânticas são ferramentas compreensíveis e intuitivas que podem ser utilizadas por pessoas com conhecimentos mínimos de informática. Pretende-se que os colaboradores de uma organização possam utilizar um wiki semântico com o objetivo de criar e desenvolver uma consciência colectiva da realidade organizacional. Esta ferramenta permite a recolha de conhecimento organizacional distribuído e coerente sob a forma de elementos e relações semânticas em modelos alinhados com a realidade organizacional, possibilitando a captura e monitorização da sua evolução, bem como um desenvolvimento mais eficiente e eficaz de SIs que suportem tal realidade. Esta realidade organizacional deve também ser traduzida em símbolos gráficos que constituem elementos críticos em diagramas, permitindo uma melhor compreensão do conhecimento organizacional.

1.2 Objectivos

Os nossos principais objectivos são a análise e o desenvolvimento de um protótipo baseado em *MediaWiki* e *SemanticMediaWiki* que permita a modelação de organizações, com base na metodologia *DEMO (Design and EngineeringMethodology for Organizations)* criada e desenvolvida por Jan L. G. Dietz.

Os nossos principais desafios são a formalização de factos organizacionais usando páginas *Semantic MediaWiki* e a definição de propriedades semânticas para armazenar e ligar toda a informação necessária para gerar diagramas. Assim, existe a necessidade de adaptar *o Semantic MediaWiki* para gerar automaticamente diagramas *DEMO* suportados por essas páginas wiki e propriedades semânticas. Numa fase inicial, devemos utilizar o software *Graphviz* e uma versão modificada da extensão wiki *SemanticGraph* para realizar a geração de diagramas. Numa fase final, iremos desenvolver uma nova extensão, a que chamaremos *SemanticDEMO*. Esta nova extensão será capaz de gerar diagramas *DEMO* de uma forma mais eficiente e poderosa.

1.3 Descrição e contexto do projeto

O contexto do projeto é a Web semântica e a forma como esta pode ser utilizada para ajudar a modelar organizações. Todo o trabalho do projeto esteve relacionado com o *MediaWiki. Semantic MediaWiki, Graphviz,* uma versão modificada da extensão *SemanticGraph*, e uma nova extensão chamada *SemanticDEMO*. Começámos por definir uma forma de formalizar factos organizacionais utilizando páginas *Semantic MediaWiki*, em que cada página representa um facto. Além disso, cada página contém várias propriedades semânticas que definem o facto. Após este feito, adaptámos o *Semantic MediaWiki* para gerar automaticamente diagramas *DEMO*. Primeiro, modificámos a extensão *SemanticGraph* para gerar os diagramas utilizando *o Graphviz e*, em seguida, criámos uma nova extensão chamada *SemanticDEMO* com base na extensão *SemanticGraph*, a fim de gerar diagramas de uma forma mais eficiente.

1.4 Conteúdo

Pretendemos criar uma estrutura que segue uma orientação rigorosa baseada na investigação teórica e na implementação de conceitos práticos. O capítulo 2 - "Conteúdo da investigação e definição dos problemas" apresenta a base teórica e o software utilizado como ponto de partida da nossa investigação. Também identificamos os problemas e definimos a nossa estratégia de investigação. O Capítulo 3 - "Trabalhos relacionados" analisa projectos anteriores relacionados com o tema, com o objetivo de ajudar a resolver os nossos problemas. As soluções encontradas para resolver os problemas que levantámos são descritas no Capítulo 4 - "Soluções e contributos". Uma explicação mais pormenorizada e técnica sobre o trabalho elaborado é apresentada no Capítulo 5 - "Implementação". O Capítulo 6 - "Trabalho futuro" fala das direcções de investigação a seguir. No Capítulo 7 - "Conclusão", apresentamos as conclusões resultantes do projeto.

Capítulo 2

2 Conteúdo da investigação e definição do problema

O presente capítulo aborda os conceitos teóricos fundamentais necessários para a compreensão do nosso projeto. Em primeiro lugar, introduzimos os conceitos de Ontologia Empresarial, ontologia de um mundo, Linguagem de Especificação de Ontologia Mundial, Metodologia *DEMO* e meta-modelo ontológico. Estas questões estão inter-relacionadas e permitem-nos compreender a necessidade de modelar os factos organizacionais. Em seguida, introduzimos os conceitos de Web Semântica e Wikis Semânticos, o que nos permite reconhecer a importância da utilização da semântica para representar esses factos organizacionais. De seguida, abordamos o software utilizado como ponto de partida para a nossa investigação e para o que desenvolvemos. De seguida, abordamos algumas considerações sobre a utilização de browsers, apontando a melhor forma de visualizar ficheiros SVG. No final do capítulo, identificamos os problemas que pretendemos resolver com este projeto e definimos a estratégia de investigação.

2.1 Ontologia empresarial

A ontologia empresarial é um tema novo. Se alguma vez ouviu falar de ontologia, é muito provável que tenha sido no contexto da World-Wide Web, particularmente no contexto da Web Semântica. Este tópico será abordado mais adiante neste capítulo.

2.1.1 Definição

Uma definição de ontologia amplamente adoptada é a de que uma ontologia é uma especificação formal e explícita de uma concetualização partilhada. Diz respeito à concetualização de (uma parte de) o mundo, por isso é algo que está na nossa mente.fl]

Gerir uma empresa e obter serviços dela como cliente ou colaborar com ela como parceiro numa rede é, hoje em dia, muito mais complicado do que era no passado. Os problemas das empresas actuais, de qualquer tipo, estão bem investigados e bem documentados. O denominador comum destes problemas é a complexidade. Os conhecimentos que se adquirem nas escolas de gestão ou de gestão de empresas já não são suficientes. Hoje em dia, mesmo um empresário talentoso não pode ter sucesso sem uma compreensão básica, sistemática e integral do funcionamento das empresas.

Para enfrentar realmente os desafios actuais e futuros, é necessário um modelo concetual da empresa que seja coerente, abrangente, consistente e conciso, e que mostre apenas a essência do funcionamento de um modelo de empresa. Os modelos de aspectos distintos devem constituir um conjunto lógico e verdadeiramente integral. Todas as questões relevantes devem ser cobertas e estar livres de contradições ou irregularidades. Os modelos de aspeto não devem conter assuntos supérfluos, para que o conjunto seja compacto e sucinto. Assim, este modelo concetual mostra apenas a essência da empresa e abstrai de todas as questões de realização e implementação. Chamamos a este modelo concetual um modelo ontológico.

Uma ontologia deve ser explícita e clara, não devendo haver lugar a mal-entendidos. É especificada de uma forma formal e a linguagem natural é inadequada para esta tarefa, devido à sua ambiguidade e imprecisão inerentes. Mas, por agora, precisamos de introduzir algumas noções relacionadas com o mundo e o seu estado.

2.1.2 A Ontologia de um Mundo

A noção de mundo é muito geral: há um mundo em que se viaja de avião, há um mundo em que se educam estudantes numa universidade, há um mundo em que se fazem reparações e manutenção de automóveis, e assim por diante. Um estado desse mundo pode ser simplesmente concebido como um conjunto de factos elementares, como o facto de uma determinada pessoa, carro ou apólice de seguro existir, ou de uma determinada pessoa possuir um determinado carro, e de uma determinada apólice de seguro ser para um determinado carro. Isto pode ser considerado como conhecimento factual, ou seja, o conhecimento sobre os estados e as transições de estado de um mundo. Em qualquer momento, um mundo encontra-se num determinado estado, que é simplesmente definido como um conjunto de objectos; diz-se que estes objectos são actuais durante o tempo em que o estado prevalece. Uma mudança de estado é chamada de transição. A ocorrência de uma transição é chamada de evento. Consequentemente, uma transição pode ocorrer várias vezes durante o tempo de vida de um mundo;

os eventos, no entanto, são únicos: ocorrem apenas uma vez. Um acontecimento é causado por um ato.

Para compreender o que é um estado do mundo, é necessário distinguir entre dois tipos de objectos: *stata* (singular: *statum)* e *facta* (singular: *factum)*. Um *statum* é algo que é o caso, sempre foi o caso e sempre será o caso; é constante (ou seja, "o autor do título do livro T é A"). A existência destes objectos é intemporal. *Os dados* estão sujeitos a leis de existência. Estas leis exigem ou proíbem a coexistência de stata (no mesmo estado de um mundo). Por exemplo, se o autor de um livro é "Ludwig Wittgenstein", não pode ser também "John Irving"[1].

Ao contrário de um *sialum,* um *factum* é o resultado ou o efeito de um ato (i.e., "o título do livro T foi publicado"). O tornar-se existente de um *factum* é um acontecimento. Antes da ocorrência do acontecimento, o facto não existia; após a ocorrência, passa a existir. *Os factum* estão sujeitos a leis de ocorrência. Estas leis exigem ou proíbem sequências de acontecimentos no decurso do tempo. Por exemplo, após a criação do *factum* "o empréstimo L foi iniciado", pode ocorrer o evento "o empréstimo L foi terminado" e, pelo meio, podem ter sido criados vários outros *factum*, como "a multa do empréstimo L foi paga".

Podemos agora dar uma definição precisa da ontologia, ou, mais precisamente, do modelo ontológico de um mundo: "O modelo ontológico de um mundo consiste na especificação do seu espaço de estados e do seu espaço de transição".

Por espaço de estados entende-se o conjunto de estados permitidos ou legais. É especificado através da base de estados e das leis de existência. A base de estados é o conjunto de tipos de estados cujas instâncias podem existir num estado do mundo. As leis de existência determinam a inclusão ou exclusão da coexistência de *estados*. Por espaço de transição entende-se o conjunto de sequências de transições permitidas ou legais. É especificado pela base de transição e pelas leis de ocorrência. A base de transição é o conjunto de tipos de *factum cujas* instâncias podem ocorrer no mundo. Cada uma dessas instâncias tem um carimbo de tempo, que é o tempo do evento. As leis de ocorrência determinam a ordem pela qual é necessário ou permitido que os factos ocorram.

Chegamos agora a um ponto em que temos de especificar o modelo concetual utilizando a World Ontology Specification Language (WOSL).

2.1.3 WOSL (Linguagem de Especificação de Ontologias Mundiais)

A WOSL é uma linguagem para a especificação de ontologias mundiais. No contexto deste projeto, utilizá-la-emos apenas para a especificação do modelo de estado. Esta linguagem é baseada nas filosofias de Bunge e Wittgenstein. A proposição de Wittgenstein "O mundo é a totalidade dos factos, não das coisas" pode ser conciliada com a noção de mundo de Bunge, tendo em conta que tudo no mundo de Bunge é uma coisa numa classe, com base nas suas propriedades. Assim, uma coisa no mundo de Bunge é um facto (unário) no mundo de Wittgenstein. Da mesma forma, uma coisa no mundo de Wittgenstein corresponde ao indivíduo nu no mundo de Bunge.fl]

O que vamos exprimir na WOSL são modelos ontológicos, constituídos por conceitos ou predicados. Cada predicado individual representa um facto individual no mundo. Devido à semelhança entre a ontologia de um mundo e o esquema concetual de uma base de dados, o autor adoptou uma notação gráfica que é aplicada por uma das linguagens de modelação concetual orientadas para os factos, nomeadamente o ORM.

Tal como referido na secção 2.1.2, para compreender o que é um estado de um mundo, é necessário distinguir dois tipos de objectos: *dados* e *factos. A* linguagem WOSL tem várias figuras gráficas para representar estes *dados* e *factos*. A Figura 1 mostra algumas declarações de tipo *statum*.

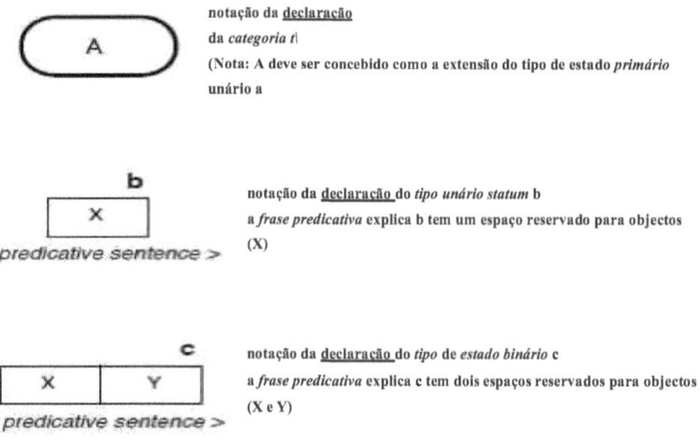

Figura 1: Declarações de tipo *Statum*

As figuras 2 e 3 mostram a especificação das leis de existência.

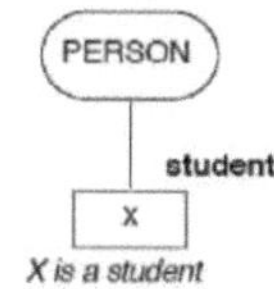

Figura 2: Exemplo de uma lei de referência

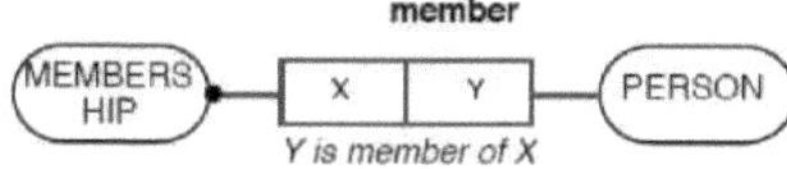

Figura 3: Exemplo de uma lei de dependência

A Figura 4 mostra um exemplo de declaração do tipo *afacium*.

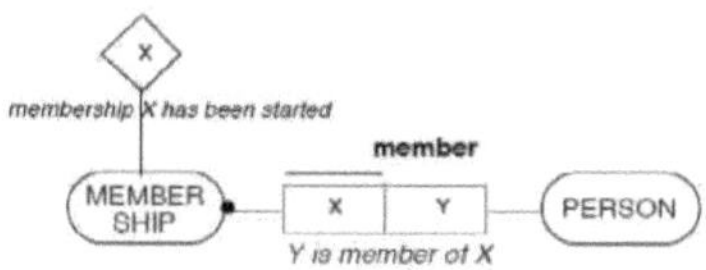

Figura 4: Exemplo de tipo "*.factum*

2.2 Metodologia *DEMO*

A DEMO é uma metodologia para a conceção, engenharia e implementação de organizações e redes de organizações. A assunção e o cumprimento de compromissos é o princípio operacional de qualquer organização. Estes compromissos são estabelecidos na comunicação entre indivíduos sociais, ou seja, seres humanos[2].

A DEMO considera que uma organização consiste numa integração coerente em camadas de três organizações de aspeto: a organização B (negócio), a organização I (informação) e a organização D (documento). Estas constituem uma hierarquia coerente, na qual a organização I apoia a organização B e a organização D apoia a organização I. Todas as mudanças organizacionais dizem respeito a uma das organizações de aspeto.

Os quatro modelos de aspeto do *DEMO* (Modelo de Construção, Modelo de Processo, Modelo de Estado e Modelo de Ação) são perspetivas sob o mesmo meta-modelo. Qualquer mudança organizacional tem consequências em todos os modelos de aspeto[1].

A transação DEMO é um padrão universal de actos de coordenação que conduzem à criação de um novo facto de produção. É o bloco de construção genérico de todos os processos empresariais. Pode ser utilizado como modelo para a conceção de processos empresariais, com a garantia de que nenhuma ação ou informação (relevante) será supervisionada. Acções como a promessa e a aceitação (de factos organizacionais) são realizadas de forma tácita e raramente são apoiadas por sistemas de informação ou sistemas de fluxo de trabalho. Assim, são facilmente controladas em projectos de mudança. Os modelos *DEMO* são objectivos. Assim, *a DEMO* garante modelos reproduzíveis, que são independentes dos 'modeladores'. Estes modeladores são também independentes dos ocupantes momentâneos dos papéis de actores (os empregados). As necessidades de informação já não dependem do que é dito, mas do que foi objetivamente estabelecido como necessário para um papel de ator.

Como já foi dito, a modelação de uma empresa pode ser alcançada através dos quatro modelos de aspeto que distinguimos, nos quais o conhecimento ontológico de uma empresa é expresso, de modo a que este conhecimento seja facilmente acessível e gerível.

O Modelo de Construção (MC) especifica os tipos de transação identificados e os papéis de ator associados, bem como as ligações de informação entre os papéis de ator e os bancos de informação (a designação colectiva dos bancos de produção e dos bancos de coordenação); em suma, o MC especifica a construção da organização. Uma linha tracejada divide o triângulo do MC em duas partes. A parte esquerda é o modelo de interação (IAM); mostra as influências activas entre os papéis dos actores: a execução de transacções. A parte direita é o modelo de interstricção (ISM); mostra as influências passivas entre os papéis dos actores.

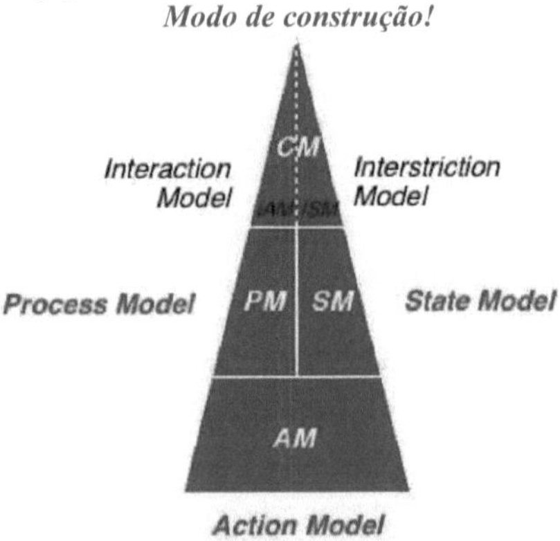

Figura 5: Os modelos de aspectos ontológicos

O Modelo de Processo (MP) contém, para cada tipo de transação no MC, o padrão de transação específico do tipo de transação. O PM também contém as relações causais e condicionais entre as transações.

O Modelo de Ação (AM) especifica as regras de ação que servem de orientação aos intervenientes no tratamento da sua agenda. Contém uma ou mais regras de ação para cada tipo de agenda. Estas regras são agrupadas de acordo com os papéis dos actores que se distinguem.

O modelo de estado (SM) especifica o espaço de estado do mundo P (mundo da produção): as classes de objectos e os tipos de factos, os tipos de resultados e as regras de coexistência ontológica.

Os quatro modelos de aspectos (CM, PM, AM e SM) constituem o conhecimento ontológico completo de uma organização e o ponto de partida é toda a documentação disponível sobre a empresa.

A sequência lógica de produção dos modelos de aspeto é feita no sentido contrário ao dos ponteiros do relógio, começando pelo modelo de interação (IAM). O primeiro resultado do método é uma lista dos tipos de transação identificados e dos papéis dos actores participantes, bem como a identificação dos limites da empresa. A partir deste conhecimento, o IAM pode ser elaborado de imediato. Este é expresso num Diagrama de Transação de Actores (ATD) e numa Tabela de Resultados da Transação (TRT). Em seguida, é produzido o Diagrama da Estrutura do Processo (PSD) e, depois, as Especificações das Regras de Ação (ARS). As regras de ação são expressas numa linguagem pseudo-algorítmica. Em seguida, é produzido o SM, expresso num Diagrama de Factos de Objeto (OFD) e numa Lista de Propriedades de Objeto (OPL). Depois, podemos completar o PM com a Tabela de Utilização da Informação (TIU). Por fim, é produzido o ISM, constituído por um Diagrama de Banco de Actores (ABD) e uma Tabela de Conteúdos Bancários (BCT). Normalmente, o Diagrama de Banco de Actores é desenhado como uma extensão do Diagrama de Transação de Actores; em conjunto, constituem o Diagrama de Construção da Organização (DCO).

O método geral de elicitação para adquirir a base para um conjunto correto e completo de modelos de aspectos de uma ontologia empresarial consiste em três etapas de análise e três de síntese:

1) A análise Perfoma-Informa-Forma (todos os conhecimentos disponíveis são divididos em três conjuntos, de acordo com o axioma da distinção)

2) A Análise da Coordenação-Actores-Produção (os itens da Performa estão divididos em C-actos/resultados, P-actos/resultados e papéis de ator, de acordo com o axioma da operação)

3) A síntese do padrão de transação (para cada tipo de transação, o tipo de resultado é formulado de forma correcta e precisa; o quadro de resultados da transação pode agora ser produzido)

4) A análise da estrutura dos resultados (de acordo com o axioma da composição, cada tipo de transação de que um ator no ambiente é o iniciador pode ser concebido como fornecendo um resultado final ao ambiente. Geralmente, o executor (interno) deste tipo de transação é o iniciador de um ou mais outros tipos de transação, e assim por diante)

5) A Síntese de Construção (para cada tipo de transação, o(s) papel(es) do ator iniciador e o papel do ator executor são identificados, com base no axioma da transação; esta é a primeira etapa na produção do Diagrama de Transação de Actores)

6) A Síntese da Organização (deve ser feita uma escolha definitiva sobre que parte da construção será tomada como a organização a ser estudada e que parte será o seu ambiente; o Diagrama de Transação dos Actores pode agora ser finalizado)

O objetivo desta secção é esclarecer o que é o *DEMO*. Assim, os axiomas mencionados não são discutidos.

2.3 Meta-modelo ontológico

O eu organizacional consiste em artefactos organizacionais (OA). Estes OA's estão organizados de uma determinada forma, de modo a especificar todos os espaços (estado, processo, ação e construção) do mundo de uma organização[3]. A concetualização destas regras é designada por metal-modelo ontológico do mundo. O espaço organizacional é constituído por um conjunto de OA's permitidos, pelo que o meta-modelo ontológico é a concetualização desse espaço organizacional.

Para formular o meta-modelo ontológico de um mundo, utilizamos a WOSL. Por isso, podemos chamar-lhe Diagrama do Espaço Organizacional (DSO). Na prática, o OSD tem os seus quatro modelos de aspeto DEMO correspondentes: SM, CM, PM e AM. Pelo facto de estarmos a lidar com um OSD, eles são chamados, respetivamente: OSD de Estado, OSD de Construção, OSD de Processo e OSD de Ação. Estes diagramas formulam, para cada modelo de aspeto: os tipos de artefactos da organização a partir dos quais as instâncias - OA's - podem ocorrer no self organizacional e as regras de coexistência que governam a forma de dispor estas instâncias. As Figuras 6, 7, 8 e 9 apresentam os quatro OSD.

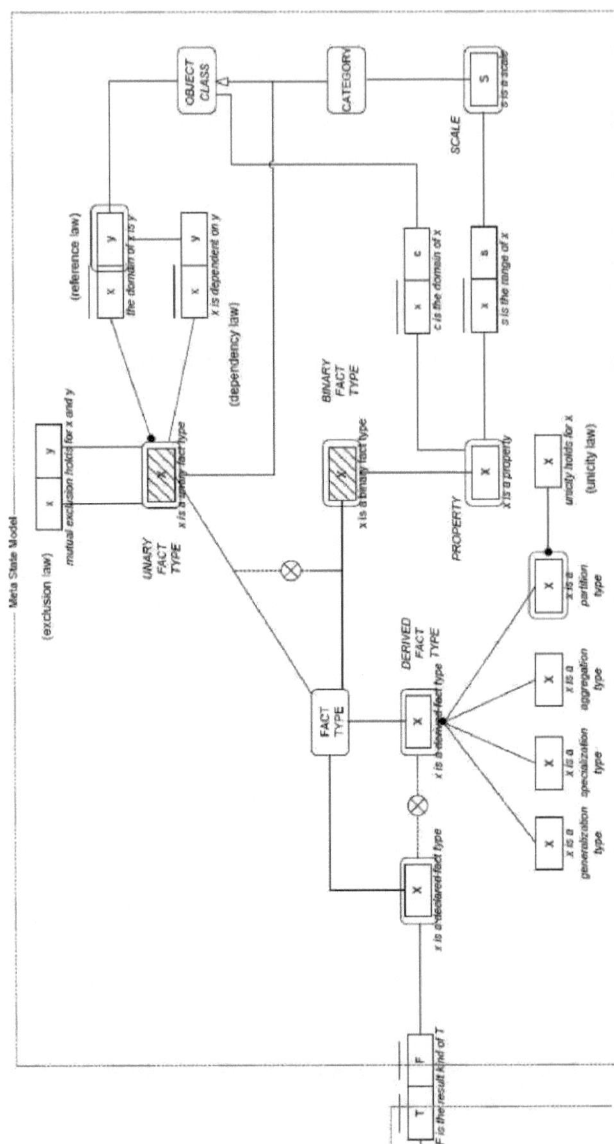

Figura 6: OSD do estado *DEMO*

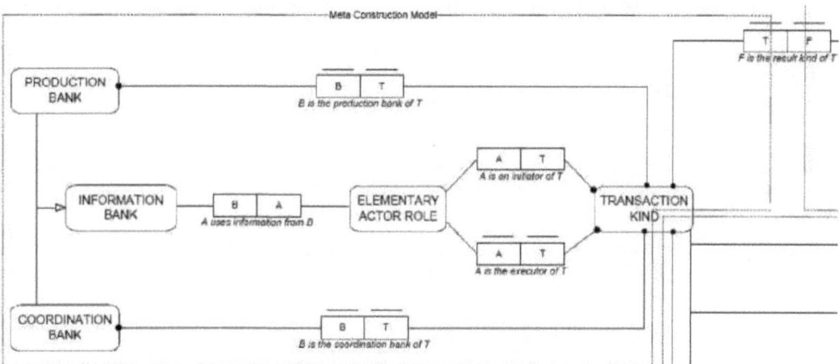

Figura 7: *DEMO* Construction OSD

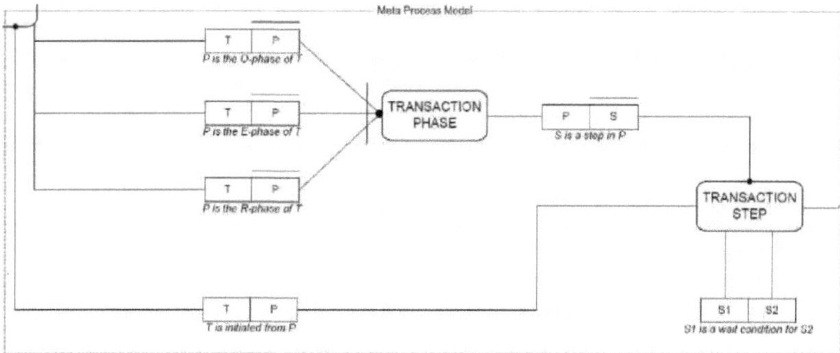

Figura 8: OSD do processo *DEMO*

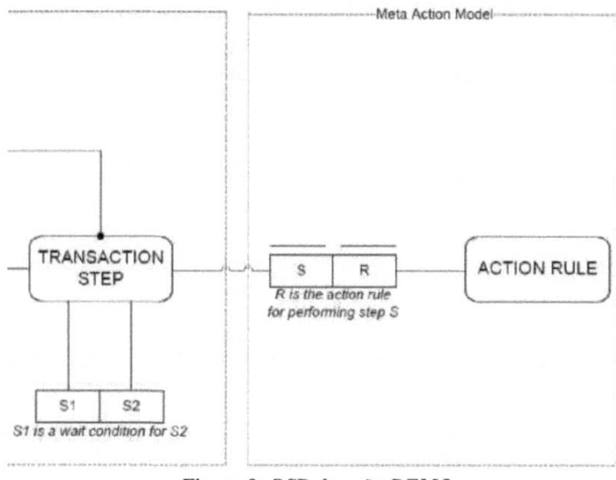

Figura 9: OSD da ação *DEMO*

O OSD permite a interpretação do meta-modelo ontológico. O conjunto completo dos tipos de artefactos de organização e das leis que regem a disposição das suas instâncias constitui o espaço de organização. A concetualização do espaço organizacional consiste no meta-modelo ontológico que, por sua vez, é formulado no OSD.

A informação apresentada nos quatro diagramas *DEMO* será utilizada para nos ajudar a definir as páginas wiki e as suas propriedades semânticas, porque, como dissemos anteriormente, o meta-modelo ontológico é a concetualização de um espaço organizacional que contém artefactos organizacionais.

2.4 Web semântica

Até à data, a World Wide Web desenvolveu-se mais rapidamente como um meio de documentos para pessoas do que de informações que podem ser manipuladas automaticamente. Ao aumentar as páginas Web com dados destinados a computadores e ao acrescentar documentos exclusivamente para computadores, estaremos a transformar a Web na Web Semântica[4].

Os computadores encontrarão o significado dos dados semânticos seguindo hiperligações para definições de termos-chave e regras para raciocinar logicamente sobre eles. A infraestrutura resultante estimulará o desenvolvimento de serviços Web automatizados, tais como agentes altamente funcionais.

Os utilizadores comuns comporão páginas da Web semântica e acrescentarão novas definições e regras utilizando software pronto a usar que ajudará na marcação semântica.

Definição

A Web semântica é uma extensão evolutiva da World Wide Web em que a semântica das informações e dos serviços na Web é definida, permitindo que a Web compreenda e satisfaça os pedidos das pessoas e das máquinas para utilizarem o conteúdo da Web. Deriva da visão de Sir Tim Berners-Lee, diretor do World Wide Web Consortium, de que a Web é um meio universal para o intercâmbio de dados, informações e conhecimentos.

No seu cerne, a Web semântica compreende um conjunto de princípios de conceção, grupos de trabalho colaborativos e uma variedade de tecnologias facilitadoras. Alguns elementos da Web semântica são expressos como possibilidades futuras que ainda não foram implementadas ou realizadas.

Outros elementos da Web semântica são expressos em especificações formais. Algumas delas incluem o Resource Description Framework (RDF), uma variedade de formatos de intercâmbio de dados (por exemplo, RDF/XML, N3, Turtle, N-Triples) e notações como o RDF Schema (RDFS) e a Web Ontology Language (OWL), todas destinadas a fornecer uma descrição formal de conceitos, termos e relações num determinado domínio do conhecimento.

Objetivo

Os seres humanos são capazes de utilizar a Web para realizar tarefas como encontrar a palavra finlandesa para "macaco", reservar um livro numa biblioteca e procurar um DVD a baixo preço. No entanto, um computador não pode realizar as mesmas tarefas sem a direção humana, porque as páginas Web foram concebidas para serem lidas por pessoas e não por máquinas. A Web semântica é uma visão da informação que é compreensível para os computadores, para que estes possam realizar mais do trabalho tedioso que consiste em encontrar, partilhar e combinar informação na Web.

Em 1999, Tim Berners-Lee expressou originalmente a visão da Web semântica da seguinte forma: "Tenho um sonho para a Web [em que os computadores] se tornam capazes de analisar todos os dados da Web - o conteúdo, as ligações e as transacções entre pessoas e computadores. A "Web Semântica", que deverá tornar isto possível, ainda não surgiu, mas quando surgir, os mecanismos quotidianos do comércio, da burocracia e da nossa vida quotidiana serão geridos por máquinas que falam com máquinas. Os 'agentes inteligentes' que há muito se apregoam serão finalmente materializados".

A publicação semântica beneficiará muito com a Web semântica. Em particular, espera-se que a Web semântica revolucione a publicação científica, como a publicação em tempo real e a partilha de dados experimentais na Internet.

Tim Berners-Lee descreveu a Web semântica como um componente da Web 3.0.

2.5 Wikis semânticos

Um wiki semântico é um wiki que tem um modelo subjacente do conhecimento descrito nas suas páginas. Os wikis normais têm texto estruturado e hiperligações não tipificadas. Os wikis semânticos permitem capturar ou identificar mais informações sobre as páginas (metadados) e as suas relações[4].

Características principais

Confiança na notação formal

O modelo de conhecimento encontrado numa wiki semântica está normalmente disponível numa linguagem formal, para que as máquinas o possam processar numa base de dados entidade-relacionamento ou relacional. A notação formal pode ser incluída nas próprias páginas pelos utilizadores, como no *Semantic MediaWiki*. Ou, pode ser derivada das páginas ou dos nomes das páginas ou dos meios de ligação. Por exemplo, a utilização de um nome de página alternativo específico pode indicar que se pretende um tipo específico de ligação. Isto é especialmente comum em wikis dedicadas a projectos de código. Em qualquer dos casos, o fornecimento de informações através de uma notação formal permite que as máquinas calculem novos factos (por exemplo, relações entre páginas) a partir dos factos representados no modelo de conhecimento.

Permite a Web semântica

As tecnologias desenvolvidas pela comunidade da Web Semântica fornecem uma base para o raciocínio formal sobre o modelo de conhecimento que é desenvolvido.

Exemplo

Imagine uma wiki semântica dedicada exclusivamente a alimentos. A página de uma maçã conteria, para além da informação de texto normalizada, alguns dados semânticos legíveis por máquina. O tipo mais básico de dados seria o facto de uma maçã ser um tipo de fruta - o que é conhecido como uma relação de herança. A wiki seria assim capaz de gerar automaticamente uma lista de frutos, simplesmente listando todas as páginas que são marcadas como sendo do tipo "fruto". Outras etiquetas semânticas na página "maçã" poderiam indicar outros dados sobre maçãs, incluindo as suas possíveis cores e tamanhos, informação nutricional e sugestões de porções, e quaisquer outros dados que fossem considerados notáveis. Estas etiquetas podem ser derivadas do texto, mas com alguma probabilidade de erro - por conseguinte, devem ser apresentadas juntamente com esses dados para serem facilmente corrigidas.

Se a wiki exportar todos estes dados em RDF ou num formato semelhante, pode então ser consultada da mesma forma que uma base de dados - de modo a que um utilizador externo ou um sítio possa, por exemplo, submeter uma consulta para obter uma lista de todos os frutos vermelhos que podem ser cozidos numa tarte.

Utilização na gestão do conhecimento

Quando os wikis substituem os antigos CMS ou ferramentas de gestão do conhecimento, os wikis semânticos tentam servir funções semelhantes: permitir que os utilizadores tornem o seu conhecimento interno mais explícito e mais formal, de modo a que a informação num wiki possa ser pesquisada de formas melhores do que apenas com palavras-chave, oferecendo consultas semelhantes às bases de dados estruturais.

Alguns sistemas têm como objetivo a gestão do conhecimento pessoal, outros mais a gestão do conhecimento para comunidades. A quantidade de formalização e a forma como a informação semântica é explicitada variam. Os sistemas existentes vão desde os orientados principalmente para o conteúdo (como o *Semantic MediaWiki)*, em que a semântica é introduzida através da criação de hiperligações anotadas, passando por abordagens que misturam o conteúdo e a semântica em texto simples (como o *WikSAR* ou a ontologia viva), passando pelos orientados para o conteúdo com uma forte base formal (como o *IkeWiki),* até aos sistemas em que o conhecimento formal é o principal interesse (como o *Platypus Wiki),* em que a semântica é introduzida em campos explícitos para esse efeito.

Além disso, os sistemas wiki semânticos diferem no nível de suporte ontológico que oferecem. Embora a maioria dos sistemas exporte os seus dados como RDF, alguns até suportam vários níveis de raciocínio ontológico. Para concluir, podemos fazer uma comparação: os wikis semânticos alargam e melhoram os wikis normais, tal como a Web semântica alarga a World Wide Web.

No nosso projeto, vamos utilizar o *Semantic MediaWiki* como base de dados para todos os artefactos organizacionais. Utilizando também propriedades semânticas, podemos relacionar e consultar a informação armazenada. A próxima secção analisa o software que utilizámos no nosso projeto.

2.6 Revisão de software usado

Esta secção apresenta o software utilizado como base para o nosso projeto; serviu de ponto de partida para o que desenvolvemos. Começamos com o *MediaWiki* - o sistema wiki que alimenta a Wikipédia, e depois o estudo do *Semantic MediaWiki,* uma extensão *do MediaWiki* para o tornar semântico. Segue-se uma descrição de três extensões do *Semantic MediaWiki'.* HALO, *SemanticGraph* e *SemanticForms. A* concluir esta secção, é apresentado o software de desenho de diagramas *Graphviz.*

2.6.1 *MediaWiki*

O MediaWiki é um software gratuito baseado em servidor que está licenciado sob a GNU General Public License (GPL). Foi concebido para ser executado num grande parque de servidores para um sítio Web que recebe milhões de visitas por dia. *O MediaWiki* é um software extremamente poderoso e escalável e uma implementação wiki rica em funcionalidades, que utiliza PHP para processar e apresentar dados armazenados na sua base de dados MySQL. As páginas utilizam o formato wikitext do *MediaWikiS,* para que os utilizadores sem conhecimentos deXHTML ou CSS possam editá-las facilmente[5].

Quando um utilizador submete uma edição a uma página, *o MediaWiki* grava-a na base de dados, mas sem apagar as versões anteriores da página, o que permite reverter facilmente a edição em caso de vandalismo ou spam. *O MediaWiki* também pode gerir ficheiros de imagem e multimédia, que são armazenados no sistema de ficheiros. Para grandes wikis com muitos utilizadores, *o MediaWiki* suporta o armazenamento em cache e pode ser facilmente acoplado ao software de servidor proxy Squid.

Originalmente desenvolvido para servir as necessidades da enciclopédia de conteúdo livre Wikipédia, atualmente também tem sido utilizado por empresas para gestão interna de conhecimentos e como um sistema de gestão de conteúdos. Nomeadamente, a Novell utiliza-o para operar vários dos seus sítios Web de elevado tráfego.

2.6.2 *SemanticMediaWiki*

O Semantic MediaWiki (SMW) é uma extensão gratuita do *MediaWiki.* Enquanto as wikis tradicionais contêm apenas textos que os computadores não conseguem compreender nem avaliar, a SMW acrescenta anotações semânticas que trazem o poder da Web Semântica para a wiki[6].

Introdução

Os Wikis tornaram-se uma excelente ferramenta para recolher e partilhar conhecimentos nas comunidades. Este conhecimento está, na sua maioria, contido em textos e ficheiros multimédia, sendo assim facilmente acessível aos leitores humanos. Mas as wikis estão cada vez maiores e pode ser muito moroso procurar uma resposta numa wiki. Como exemplo simples, considere a seguinte pergunta que um utilizador pode ter: "Quais são as cem maiores cidades do mundo com uma mulher presidente de câmara?"

A Wikipédia deveria ser capaz de dar a resposta: contém todas as grandes cidades, os seus presidentes de câmara e artigos sobre o presidente da câmara que nos informam sobre o seu género. No entanto, a pergunta é quase impossível de responder por um humano, uma vez que seria necessário ler primeiro todos os artigos sobre todas as grandes cidades! Mesmo que a resposta seja encontrada, pode não permanecer válida durante muito tempo. Os computadores conseguem lidar muito mais facilmente com grandes conjuntos de dados, mas não são capazes de nos ajudar muito quando procuramos respostas numa wiki: Mesmo programas sofisticados ainda não conseguem ler e "compreender" textos em língua humana, a menos que o tema e a língua do texto sejam muito restritos. A pesquisa por palavras-chave da wiki também não ajuda a descobrir relações complexas.

O Semantic MediaWiki permite que as comunidades wiki tornem alguns dos seus conhecimentos processáveis por computador, por exemplo, para responder à pergunta acima. O problema difícil para o computador é descobrir o significado das palavras numa página wiki (por exemplo, sobre cidades). Os artigos contêm muitos nomes, mas qual deles é o atual presidente da câmara? Os humanos podem facilmente compreender o problema consultando uma edição da Wikipédia numa língua que não compreendem (o coreano é um bom começo, a menos que se seja fluente nessa língua). Embora os tokens individuais (nomes, números,...) possam ser legíveis, é impossível compreender a sua relevância no artigo. Da mesma forma, os computadores precisam de alguma ajuda para dar sentido aos textos wiki.

No *Semantic MediaWiki,* os editores adicionam "dicas" à informação nas páginas wiki. Por exemplo, alguém pode marcar um nome como sendo o nome do atual presidente da câmara. Isto é feito por editores que modificam uma página e colocam uma marcação de texto especial à volta do nome do presidente da câmara. Depois disto, os computadores podem aceder a esta informação (claro que ainda não a "compreendem", mas podem procurá-la se lhes pedirmos) e apoiar os utilizadores de muitas formas diferentes.

Onde a SMW pode ajudar

O Semantic MediaWiki introduz algumas marcações adicionais no texto do wiki que permitem aos utilizadores adicionar "anotações semânticas" ao wiki. Embora isto pareça, à partida, tornar as coisas mais complexas, também pode simplificar bastante a estrutura do wiki, ajudar os utilizadores a encontrar mais informações em menos tempo e melhorar a qualidade e a consistência gerais do wiki. Para ilustrar isto, apresentamos alguns exemplos da atividade diária da Wikipédia:

1. **Listas geradas manualmente.** A Wikipédia está cheia de listas editadas manualmente, como esta. Essas listas são propensas a erros, uma vez que têm de ser actualizadas manualmente. Além disso, o número de listas potencialmente interessantes é enorme, e é impossível fornecer todas elas com uma qualidade aceitável. No SMW, as listas são geradas automaticamente desta forma. Estão sempre actualizadas e podem ser facilmente personalizadas para obter mais informações.

2. **Pesquisa de informação.** Muito do conhecimento da Wikipédia está irremediavelmente enterrado em milhões de páginas de texto, e dificilmente pode ser recuperado. Por exemplo, na altura em que este artigo foi escrito, não existe uma lista de mulheres físicas na Wikipédia. Ao tentar encontrar todas as mulheres desta profissão que constam da Wikipédia, é preciso recorrer à pesquisa textual. Obviamente, esta tentativa está condenada a falhar miseravelmente. Note-se que, entre os 20 primeiros resultados, apenas 5 são sobre pessoas, e que Marie Curie não está incluída em todo o conjunto de resultados (uma vez que "mulher" não aparece na sua página). Mais uma vez, a consulta em SMW resolve facilmente este problema (neste caso, mesmo sem anotação adicional, uma vez que as categorias existentes são suficientes para encontrar os resultados).

3. **Uso inflacionário de categorias.** A necessidade de uma melhor estruturação torna-se evidente pela enorme utilização de categorias na Wikipédia. Embora isto seja geralmente útil, também conduziu a um número de categorias que seriam meros resultados de consulta no SMW. Para alguns exemplos, considere as categorias Rios em Buckinghamshire, Asteróides com nomes de pessoas e Mortes de 1620, que poderiam ser facilmente substituídas por consultas simples que usam apenas um punhado de anotações. De facto, neste exemplo, Category:Rivers, Propertydocated in, Category:Asteroids, Category:People, Propertymamed after, e Property:date of death seriam suficientes para criar milhares de listagens semelhantes em tempo real e para remover centenas de categorias da Wikipédia.

4. **Consistência entre línguas.** A maioria dos artigos da Wikipédia está ligada a páginas correspondentes em diferentes línguas, o que também pode ser feito para a anotação semântica da SMW. Com este conhecimento, pode perguntar-se qual é a população de Pequim indicada na Wikipédia chinesa sem ler uma única palavra desta língua. Isto pode ser explorado para detetar possíveis inconsistências que podem depois ser resolvidas pelos editores. Por exemplo, a população de Edimburgo na altura em que este artigo foi escrito é diferente na Wikipédia em inglês, alemão e francês.

5. **Reutilização externa.** Atualmente, algumas ferramentas de secretária utilizam o conteúdo da Wikipédia, por exemplo, o leitor multimédia Amarok apresenta artigos sobre artistas durante a reprodução. No entanto, essa reutilização limita-se a buscar algum artigo para leitura imediata. O programa não pode explorar as informações (por exemplo, para encontrar músicas de artistas que trabalharam para a mesma gravadora), mas pode apenas mostrar o texto em algum outro contexto. O SMW aproveita o conhecimento de um wiki para poder ser utilizado fora do contexto do seu artigo textual.

2.6.3 Extensão *Halo* para SMW

A extensão *Halo* é uma extensão do *Semantic MediaWiki* (SMW) e foi desenvolvida como parte do Projeto *Halo para* facilitar a utilização de Wikis Semânticos por uma grande comunidade de utilizadores. O principal objetivo do desenvolvimento era criar ferramentas que aumentassem a facilidade de utilização das funcionalidades do SMW e publicitassem os benefícios imediatos dos conteúdos enriquecidos semanticamente[7].

Características

O Halo melhora o SMW fornecendo interfaces gráficas intuitivas que facilitam a criação, a recuperação, a navegação e a organização de dados semânticos no SMW.

Inclui basicamente:

* Barra de ferramentas semântica, que permite inspecionar, criar e alterar rapidamente as anotações semânticas de um artigo wiki;
* Modo de anotação avançado, para anotar conteúdos semanticamente de uma forma semelhante à WYSIWYG sem ter de lidar com o texto de origem do wiki;
* Auto-preenchimento, sugerindo entidades ou dados existentes no wiki durante a digitação (por exemplo, ao fazer anotações no texto wiki ou ao preencher campos de entrada);
* Interface de consulta gráfica, que permite aos utilizadores compor facilmente consultas e pré-visualizar resultados de consultas com diferentes formatos de saída;
* Navegador de ontologia, que permite navegar e alterar intuitivamente a ontologia da wiki e procurar informações sobre instâncias e propriedades

A funcionalidade de preenchimento automático será utilizada no nosso projeto para ajudar a criar as páginas wiki que representam factos organizacionais.

2.6.4 Extensão *SemanticGraph* para SMW

O SemanticGraph é uma extensão que depende do *Semantic MediaWiki,* do Semantic *Forms* e de uma instalação funcional *do Graphviz*, que gera gráficos e árvores com base em estruturas wiki semânticas e não semânticas[8].

Existem 4 funções de analisador fornecidas pela extensão. São elas:

* {{#smm:...}} - árvore de mapa mental gerada a partir de rede semântica, árvore de categorias ou ligações wiki
* {{#sgraph:...}} - gráfico de rede de pontos gerado
* {{#shypergraph:...}}- gráfico de hipergrafo gerado
* {{#mm2:...}} apresenta um mapa mental carregado com ligação dinâmica à wiki.

Todas elas têm uma sintaxe semelhante que pode ser apresentada em linha fazendo, por exemplo, {{#smm:help}} As funções de árvore geralmente requerem a especificação de um único recurso raiz, as funções de gráfico de rede podem ter uma lista separada por vírgulas.

Deverá ser possível utilizar o resultado de uma consulta {{#ask..}} como a definição de uma lista de recursos para um gráfico se especificar a opção 'format=template' e 'link=none' na consulta.

No nosso projeto, esta extensão foi adaptada para gerar diagramas *DEMO* utilizando a função de análise {{#sgraph:...}}.

2.6.5 Extensão *SemanticForms* para SWM

SemanticForms é uma extensão do *MediaWiki* que permite aos utilizadores adicionar, editar e consultar dados através de formulários. Está fortemente ligada à extensão *Semantic MediaWiki,* e destina-se a ser utilizada para dados estruturados com marcação semântica. Ter o *Semantic MediaWiki* instalado é uma condição prévia para a extensão *SemanticForms*[9].

Muito simplesmente, o *SemanticForms* permite-lhe ter formulários para adicionar, editar e consultar dados no seu wiki, sem qualquer programação. Os formulários podem ser criados e editados não só pelos administradores, mas também pelos próprios utilizadores.

Os principais componentes da funcionalidade *SemanticForms* são as páginas de definição de formulários, que existem num novo espaço de nomes, 'Form:'. Estas páginas consistem em código de marcação que é analisado quando um utilizador vai adicionar ou editar dados. Uma vez que os formulários são definidos estritamente através destas páginas de definição, os próprios utilizadores podem criar e editar formulários, sem necessidade de qualquer programação.

A extensão *SemanticForms* impõe a utilização de modelos na criação de dados semânticos. Não suporta a marcação semântica direta nas páginas de dados; em vez disso, toda a marcação semântica deve ser armazenada indiretamente através de modelos. Um formulário permite que um utilizador preencha um conjunto predefinido de modelos para uma página (nos bastidores, esses dados são transformados em propriedades semânticas quando a página é guardada).

Os formulários também podem ser utilizados para editar os dados de uma página existente e pode ativar um separador "editar com formulário" para aparecer em qualquer página; consulte O separador "editar com formulário".

O SemanticForms também suporta o preenchimento automático de campos, para que os utilizadores possam ver facilmente quais foram os valores introduzidos anteriormente para um determinado campo. Isto ajuda muito a evitar problemas de ambiguidade de nomes, ortografia, etc.

Os dados de uma página que não se enquadram no formulário, como uma descrição de texto livre do assunto da página, não são ignorados quando a página é editada com um formulário; em vez disso, são colocados numa caixa de entrada separada denominada "texto livre".

O SemanticForms também fornece ganchos para permitir que o código externo defina facilmente novos tipos de entrada; isto é útil para, entre outras coisas, novas extensões para definir tipos de entrada que utilizam código que eles fornecem. *O SemanticForms* também fornece outras funcionalidades: um formulário para criar propriedades semânticas, um formulário para criar modelos, um formulário para criar formulários de utilizador, páginas que listam todos os modelos e todos os formulários de utilizador no sítio, entre outros.

2.6.6 *Graphviz*

Graphviz (abreviatura de Graph Visualization) é um pacote gratuito de ferramentas de código aberto para desenhar gráficos[10].

2.6.6.1 O que é o *Graphviz*

A visualização de gráficos é uma forma de representar informações estruturais como diagramas de gráficos e redes abstractos. O desenho automático de gráficos tem muitas aplicações importantes na engenharia de software, na conceção de bases de dados e da Web, em redes e em interfaces visuais para muitos outros domínios, entre outros.

O software *Graphviz* tem vários programas principais de apresentação de gráficos. Estes programas de apresentação recebem um ficheiro DOT que contém descrições de gráficos numa linguagem de texto simples e geram diagramas em vários formatos, como imagens JPG e PNG e SVG para páginas Web. Também tem muitas funcionalidades úteis para diagramas concretos, tais como opções de cores, tipos de letra, disposições de nós tabulares, estilos de linha, hiperligações e formas personalizadas. Os gráficos são normalmente gerados a partir de uma fonte de dados externa, mas também podem ser criados e editados manualmente, quer como ficheiros de texto em bruto, quer num editor gráfico.

2.6.6.2 Arquitetura *do Graphviz*

O Graphviz consiste numa linguagem de descrição de gráficos denominada "linguagem DOT" e num conjunto de ferramentas que podem processar ficheiros DOT gerando uma variedade de formatos de saída (PostScript, PDF, SVG, PNG e JPG):

- ponto - desenhos "hierárquicos" ou em camadas de grafos dirigidos. O algoritmo de disposição aponta as arestas na mesma direção (de cima para baixo ou da esquerda para a direita) e tenta evitar o cruzamento de arestas e reduzir o seu comprimento.

- neato - layouts "modelo de mola". O Neato tenta minimizar uma função de energia global, que é equivalente ao escalonamento estatístico multidimensional. A solução é obtida utilizando a majoração de tensão, embora o algoritmo Kamada-Kawai mais antigo, que utiliza a descida mais íngreme, também esteja disponível.

- fdp - layouts de "modelo de mola" semelhantes aos do neato, mas faz isso reduzindo forças em vez de trabalhar com energia. O Fdp implementa a heurística Fruchterman-Reingold, incluindo um solucionador multigrid que lida com grafos maiores e grafos não direccionados agrupados.

- sfdp - versão multiescala do fdp para o layout de grandes gráficos.

- twopi - layouts radiais, segundo Graham Wills 97. Os nós são colocados em círculos concêntricos, dependendo da sua distância a um determinado nó raiz.

- circo - esquema circular, segundo Six e Tollis 99, Kauffman e Wiese 02. Este esquema é adequado para certos diagramas de estruturas cíclicas múltiplas, como certas redes de telecomunicações.

2.6.6.3 Desenhar gráficos com pontos

Existem dois tipos de grafos: dirigidos e não dirigidos. As diferenças entre estes dois tipos são que os grafos dirigidos são declarados utilizando a palavra-chave digraph, e os grafos não dirigidos utilizam simplesmente a palavra-chave graph. Além disso, uma seta (->) é utilizada para mostrar relações entre nós em grafos dirigidos.

Dot desenha grafos dirigidos. Lê ficheiros de texto de grafos atribuídos e escreve desenhos. Esta linguagem descreve três tipos principais de objectos: grafos, nós e arestas. Como queremos gerar grafos dirigidos, o grafo principal (mais exterior) é o digrafo. A Figura 10 mostra um exemplo simples de DOT. O nome do grafo é G e as linhas que se seguem criam nós e arestas.

```
 1:      digrafo G {

 2:          principal -> analisar -> executar;

 3:          principal -> init;

 4:          principal -> limpeza;
 5:          executar -> make_string;

 6:          executar -> printf

 7:          init -> make_string;
 8:          principal -> printf;

 9:          executar -> comparar;

10: }
```

Figura 10: Exemplo de linguagem DOT

Um nó é criado quando o seu nome aparece pela primeira vez no ficheiro. Uma aresta é criada quando os nós são unidos pelo operador de aresta ->. No exemplo acima, a linha 2 cria arestas de "main" para "parse", e de "parse" para "execute". Executando dot neste arquivo (chame-o de "graphl.dot")

dot -Tsvg graphl.dot -o graphl.svg

gera o desenho da Figura 11. A opção de linha de comando -Tsvg gera um ficheiro svg que pode ser visualizado num navegador com suporte nativo de SVG (por exemplo, Opera ou Google Chrome).

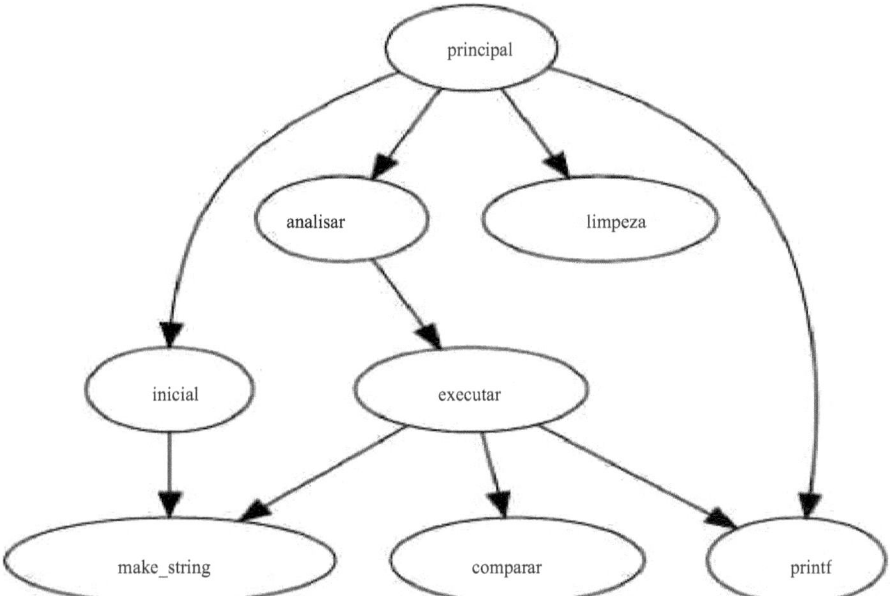

Figura 11: Desenho gerado

É frequentemente útil ajustar a representação ou a colocação de nós e arestas na apresentação. Isto é feito através da definição de atributos de nós, arestas ou subgrafos no ficheiro de entrada. [12] Neste projeto, utilizámos o ponto para a geração de todos os diagramas e tivemos de alterar vários atributos do gráfico, dos nós e das arestas para obter o melhor diagrama final.

2.6.6.4 Formato SVG

O SVG (Scalable Vetor Graphics) é uma família de especificações de um formato de ficheiro baseado em XML para descrever gráficos vectoriais bidimensionais, tanto estáticos como dinâmicos (ou seja, interactivos ou animados)[13].

A especificação SVG é uma norma aberta que tem estado a ser desenvolvida pelo World Wide Web Consortium (W3C) desde 1999. As imagens SVG e os seus comportamentos são definidos em ficheiros de texto XML. Isto significa que podem ser pesquisadas, indexadas, programadas e, se necessário, comprimidas. Uma vez que se trata de ficheiros XML, as imagens SVG podem ser criadas e editadas com qualquer editor de texto, mas também estão disponíveis programas de desenho que suportam formatos de ficheiros SVG.

Os desenhos SVG podem ser dinâmicos e interactivos e permitem três tipos de objectos gráficos:

- Gráficos vectoriais
- Gráficos rasterizados
- Texto

Desde 2001, a especificação SVG foi actualizada para as versões 1.1 (atual recomendação) e 1.2 (ainda um projeto de trabalho)[14]. As imagens SVG, sendo XML, contêm muitos fragmentos repetidos de texto, pelo que são particularmente adequadas à compressão por gzip, embora possam ser utilizados eficazmente outros métodos de compressão. Depois de uma imagem SVG ter sido comprimida, pode ser referida como uma imagem "SVGZ", com a extensão de nome de ficheiro correspondente. O ficheiro resultante pode ser tão pequeno como 20% do seu tamanho original.

As imagens SVG podem conter hiperligações para outros documentos, utilizando o XLink. Os URLs de imagens SVG podem especificar transformações geométricas na secção de fragmentos. Uma imagem SVG pode definir componentes e utilizá-los repetidamente. Uma imagem SVG pode também conter gráficos rasterizados (normalmente imagens PNG e JPEG) e outras imagens SVG.

A utilização de SVG na Web continua a ser limitada pela falta de suporte no Internet Explorer, que (em dezembro de 2010) é o navegador mais utilizado. A versão mais difundida do IE (versão 8) não suporta SVG. No entanto, a Microsoft anunciou que o IE9 suportará SVG. As implementações noutros navegadores ainda não estão completas. Em 2010, apenas o Opera, o Safari e o Google Chrome suportavam a incorporação através do elemento HTML <img>. O Mozilla Firefox e alguns outros navegadores que podem apresentar gráficos SVG necessitam atualmente de os incorporar em elementos <object> ou <iframe> para os apresentar integrados como partes de uma página Web HTML.

O suporte nativo e total tem várias vantagens: não são necessários plugins, o SVG pode ser livremente misturado com outros conteúdos num único documento e a renderização e o scripting tornam-se consideravelmente mais fiáveis.

O principal objetivo da utilização de ficheiros SVG no nosso projeto é visualizar facilmente os gráficos gerados, tirando partido das imagens vectoriais que são compostas por um conjunto fixo de formas, o que significa que o dimensionamento de uma imagem vetorial preserva as formas. Por outras palavras, podemos ampliar e reduzir a imagem SVG sem obter o efeito de pixel.

2.7 Navegadores utilizados

Quando iniciámos este projeto, o browser utilizado era o Internet Explorer 8 (IE8). Após a instalação da extensão Halo, o IE8 não estava a funcionar com o preenchimento automático ativado. Considerámos então utilizar o Firefox 3.6.13, que funciona perfeitamente com o preenchimento automático Halo. Mas o problema com o Firefox é que um ficheiro SVG que contenha referências a outros ficheiros SVG (por exemplo, para mostrar a forma da imagem de uma transação) não é apresentado corretamente. Outros navegadores considerados foram o Opera 11 e o Google Chrome 8. Estes dois navegadores têm o melhor motor de incorporação de SVG e são óptimos para apresentar os nossos ficheiros SVG, mas ambos falham no que diz respeito ao preenchimento automático.

Qualquer que seja o navegador utilizado, é necessário iniciar sessão como "WikiSysop" e ativar o preenchimento automático (ver anexo A.l, passo 30).

2.8 Definição dos problemas

No início do projeto, surgem alguns desafios que podem ser considerados como os nossos problemas.

Como utilizar *a Web Semântica* para representar os factos organizacionais?

O Semantic MediaWiki (SMW) é uma extensão *do MediaWiki*. Como acrescenta relações semânticas às entidades wiki e ajuda a compreender o seu contexto, acreditamos que o SMW é o ponto de partida para representar factos organizacionais.

Como definir cada facto individual?

O SMW acrescenta relações semânticas às entidades wiki, mas temos de definir a melhor forma de formalizar essas relações semânticas (factos organizacionais).

Como gerar automaticamente diagramas DEMO?

O SMW tem uma forte limitação: a informação é apresentada apenas com texto. Muitas facetas de uma organização necessitam de um tipo específico de diagrama de engenharia. Uma ferramenta de software como o *Graphviz* parece adequada para gerar diagramas automaticamente.

Como ligar o SMW e *o Graphviz'l*

O SMW não tem funções incorporadas para trabalhar com gráficos. *O MediaWiki* tem uma enorme comunidade com muitas extensões. Devemos ser capazes de adaptar uma dessas extensões para servir os nossos objectivos. A nossa primeira escolha foi a extensão *SemanticGraph*.

Como gerar melhores diagramas, de uma forma mais eficiente?

Ao ler e analisar a documentação online da extensão *SemanticGraph*, sabemos que se trata de uma ferramenta que gera diagramas genéricos utilizando o software *Graphviz*. Será esta a extensão que estamos à procura? Devemos ser capazes de pegar na estrutura da extensão, modificá-la e adicionar novas funções, para que o SWM gere melhores diagramas, de uma forma mais eficiente.

2.9 Estratégia de investigação

Para ultrapassar os nossos desafios, é necessário definir uma estratégia de investigação com base nos problemas identificados. Uma solução para representar os factos organizacionais é adaptar um software da Web semântica como o *SemanticMediaWiki*. Uma solução para definir cada facto organizacional individual é criar uma página wiki (para cada facto) e definir propriedades que nos ajudem a formalizar as relações semânticas. O software *Graphviz* é a solução para gerar automaticamente diagramas através de uma das suas ferramentas, DOT, que pode ser executada utilizando o SMW. A ligação entre o SMW e o *Graphviz* deve ser efectuada através da extensão *SemanticGraph*. Esta extensão recupera as relações semânticas de um conjunto de páginas wiki. A solução é adaptar a extensão para gerar automaticamente diagramas *DEMO* sem qualquer intervenção especial do utilizador. Também vamos tentar melhorar a geração automática de diagramas *DEMO*, criando uma nova extensão a que chamaremos *SemanticDEMO*.

Uma vez introduzido o projeto, explicado o seu contexto, utilizado o software, identificados os problemas e definida a estratégia de investigação, o próximo capítulo analisa projectos relacionados com o nosso.

Capítulo 3

3 Trabalhos relacionados

Neste capítulo, estudamos o que já foi feito na área do projeto. Encontrámos um projeto chamado *Open-Modeling*, desenvolvido por Jan van Santbrink. Este projeto consiste numa aplicação baseada na Web para modelar e publicar modelos de arquitetura, procedimentos e informações estruturadas relacionadas. Não só a publicação é feita na Web, como a modelação e a manutenção da informação (textos e diagramas) são feitas utilizando um navegador Web[15].

O URL do projeto é: *http://open-modeling.sourceforge.net/*

3.1 *Modelação aberta*

O Open-Modeling é uma aplicação baseada na Web bastante complexa que é executada num servidor Tomcat e em applets Java. Este software de código aberto suporta técnicas de diagrama *DEMO*, e o utilizador pode arrastar símbolos, linhas de símbolos que seguem os símbolos, redimensionar símbolos, colorir os símbolos e apagar símbolos.

A Figura 12 ilustra os papéis de ator armazenados na base de dados do *Open-Modeling* e que estão prontos para serem utilizados e gerar diagramas.

O Open-Modeling é capaz de produzir e gerir vários tipos diferentes de modelos/diagramas. Toda a informação é guardada numa base de dados interna e os modelos são construídos on-the-fly quando se acede à aplicação. O objetivo aqui não foi tentar construir uma aplicação semelhante, mas sim explorar o código Java relacionado com a manipulação de diagramas *DEMO* e reutilizá-lo no nosso projeto escrito em PHP e Javascript.

Podemos dividir *o Open-Modeling* em duas partes distintas: (1) a parte lógica, que gere e actualiza os dados; (2) e a parte do design, que recolhe os dados e produz os diferentes tipos de diagramas. Utilizando uma analogia, no nosso projeto a parte lógica será suportada pelo *Semantic Media Wiki:* *definindo* propriedades semânticas nas páginas wiki e atribuindo valores a essas propriedades, podemos armazenar e gerir a informação factual; a parte do design será o nosso principal desafio: criar diagramas em tempo real utilizando a informação factual armazenada na base de dados wiki.

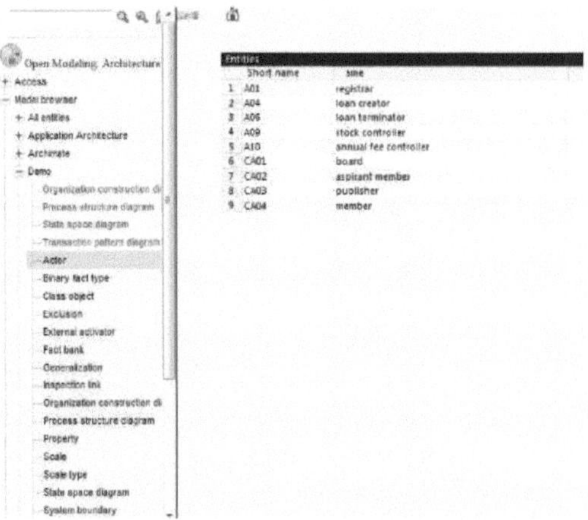

Figura 12: Aplicação *Open-Modeling* baseada na Web

Como dissemos antes, o *Open-Modeling* é uma aplicação bastante complexa, e o código Java é muito confuso. Assim, provavelmente isto tornar-se-á uma limitação para estudar o código e reutilizá-lo corretamente.

<h1 style="text-align:center">Capítulo 4</h1>

4 Soluções e contributos

Com o contexto do projeto reconhecido, os problemas identificados e as aplicações relacionadas estudadas, passamos agora a explorar as soluções para os problemas que identificámos. O capítulo começa com uma análise dos problemas e dos objectivos, que nos conduz depois às soluções.

A primeira é a solução para utilizar o *SemanticMediaWiki* para representar factos organizacionais; isto foi conseguido através da criação de páginas wiki utilizando uma nomenclatura normalizada para essas páginas e também para as propriedades incorporadas.

A segunda parte do projeto consistiu em encontrar uma forma de o *Graphviz* gerar automaticamente diagramas *DEMO*; isto foi conseguido modificando a extensão *SemanticGraph* e utilizando-a em conjunto com o *Graphviz*.

A terceira parte do projeto foi a criação de uma extensão do SMW denominada *SemanticDEMO'*, o que foi conseguido através da modificação da extensão *SemanticGraph* e da adição de novas funções para criar e manipular diagramas *DEMO*.

4.1 Análise dos problemas e dos objectivos

Nesta fase, é essencial rever os problemas definidos e recordar os objectivos do nosso projeto.

Em resumo, o nosso projeto consiste em:

- definir páginas wiki e propriedades semânticas utilizando uma nomenclatura normalizada para representar tipos de factos organizacionais;
- utilizando a extensão *Halo* para utilizar a funcionalidade de preenchimento automático através da extensão *SemanticForms;*
- utilizando a extensão *SemanticForms* para gerir formulários que nos ajudarão a criar e editar os valores das propriedades semânticas;
- numa primeira fase, modificar a extensão *SemanticGraph* e utilizá-la em conjunto com o software *Graphviz* para gerar automaticamente diagramas *DEMO;*
- mais importante, numa segunda fase, criar uma nova extensão a que chamaremos *SemanticDEMO* para gerar automaticamente diagramas *DEMO* e manipular os símbolos de uma forma semelhante à WYSIWYG.

Problemas

Utilizar a Web Semântica para representar os factos organizacionais e definir cada facto organizacional individual

O Semantic MediaWiki (SMW) acrescenta relações semânticas às entidades wiki e ajuda a compreender o seu contexto. Acreditamos que o SWM é o ponto de partida para representar factos organizacionais. O SMW acrescenta relações semânticas às entidades wiki, mas temos de definir a melhor forma de formalizar essas relações semânticas (factos organizacionais).

Gerar automaticamente diagramas *DEMO* e ligar o SWM ao *Graphviz*

O SMW tem uma forte limitação: a informação é apresentada apenas com texto. Muitas facetas de uma organização necessitam de um tipo específico de diagrama de engenharia. O SMW não tem funções incorporadas para trabalhar com gráficos. *O MediaWiki* tem uma enorme comunidade com muitas extensões. Devemos ser capazes de adaptar uma dessas extensões para servir os nossos objectivos. Uma ferramenta de software como o *Graphviz* combinada com a extensão *SemanticGraph* parece adequada para gerar diagramas automaticamente.

Gerar e manipular diagramas *DEMO* de uma forma melhor e mais eficiente

Queremos ir mais longe e vamos desenvolver uma nova extensão chamada *SemanticDEMO* (baseada na extensão *SemanticGraph*) para melhorar a geração e manipulação automática de diagramas.

Objectivos

O nosso ponto de partida foi a aplicação *MediaWiki* e a extensão *Semantic MediaWiki*. A partir desta base, traçámos os nossos principais objectivos.

O primeiro objetivo da utilização do *Semantic MediaWiki* para representar factos organizacionais é definir uma nomenclatura padrão para a criação de páginas e propriedades que evite inconsistências na especificação e interpretação dos factos, permitindo uma interpretação o mais rigorosa possível dos conceitos presentes no wiki. É essencial uma boa apresentação da informação acrescentada.

O segundo objetivo da utilização do *Graphviz* para gerar automaticamente diagramas *DEMO* é adaptar a *SemanticMediaWiki* para utilizar a extensão *SemanticGraph* e o software *Graphviz* para ajudar o utilizador a assimilar o conhecimento através da geração de diagramas que modelam uma organização. Estes diagramas devem ser gerados automaticamente e sem qualquer intervenção especial do utilizador.

O último objetivo da criação de uma nova extensão é adaptar a extensão *SemanticGraph*, denominada *SemanticDEMO*, e criar um editor WYSIWYG. O objetivo é gerar automaticamente melhores diagramas, uma vez que os diagramas gerados com o *Graphviz* e a extensão *SemanticGraph* não podem ser totalmente controlados pelo utilizador.

As secções 4.2 e 4.3 contêm uma descrição das aplicações utilizadas para alcançar a solução para os nossos problemas. Foram importantes porque foi através da sua combinação que ultrapassámos os desafios e produzimos o resultado final. Estas secções também contêm a solução e a forma como a alcançámos.

4.2 Utilização do *Semantic MediaWiki* para representar factos organizacionais

Nas próximas secções, vamos descrever como representar factos organizacionais. As secções 4.2.1.3 e 4.2.1.4 contêm a nossa análise sobre a forma como representamos os factos organizacionais utilizando conceitos ao nível do meta-modelo e criando uma nomenclatura padrão para as páginas e propriedades wiki.

4.2.1 *MediaWiki semântico*

O Semantic MediaWiki tem de ser adaptado para apoiar a Engenharia Organizacional. Nas próximas subsecções, analisamos e mostramos como as aplicações foram utilizadas para resolver o problema.

4.2.1.1 Extensão *Halo*

Decidimos que o autocompletar será uma grande ajuda na tarefa de definir factos organizacionais, devido ao facto de os papéis e as transacções dos actores terem de ser ajustados em tempo real. Assim, para auxiliar a anotação no *Semantic MediaWiki*, encontrámos a extensão *Halo* para o SMW. A extensão *Halo* do Projeto SMW foi desenvolvida como parte do Projeto *Halo, a* fim de facilitar a utilização de Wikis Semânticos por uma grande comunidade de utilizadores. O principal objetivo dos desenvolvimentos era criar ferramentas que aumentassem a facilidade de utilização das funcionalidades do SMW e publicitassem os benefícios imediatos dos conteúdos semânticos. As características da extensão *Halo* podem ser divididas em quatro secções principais:

1) melhorar a navegação na wiki - funcionalidades para facilitar e acelerar a navegação e o acesso a artigos, bem como a dados semânticos, na wiki
2) melhorar a criação de conhecimentos - funcionalidades que permitem acrescentar dados semânticos ao wiki de forma fácil e expressiva
3) simplificar a recuperação de conhecimentos - funcionalidades para consultar conhecimentos e aceder a informações armazenadas na wiki
4) a gestão da base de conhecimentos - funcionalidades que permitem aos utilizadores detetar inconsistências e melhorar continuamente a qualidade dos conhecimentos criados

A extensão *Halo* é uma extensão muito útil que nos permite evitar incoerências na especificação e interpretação dos factos.

4.2.1.2 Utilização de categorias e propriedades

O SMW introduz elementos de marcação especiais que permitem aos editores fornecer "dicas" aos programas de computador sobre como interpretar alguma informação fornecida no wiki. Tais dicas são chamadas anotações semânticas e podem ser vistas como uma extensão do sistema de categorias existente no *MediaWiki*.

As categorias são uma caraterística de edição do *MediaWiki*. e são usadas como "etiquetas" universais para artigos, descrevendo que o artigo pertence a um determinado grupo de artigos (são um meio de classificar artigos de acordo com determinados critérios). Por exemplo, ao adicionar [[Categoria:Cidades]] a um artigo, a página é etiquetada como descrevendo uma cidade. *O MediaWiki* pode usar esta informação para gerar uma lista de todas as cidades num wiki, e assim ajudar os utilizadores a navegar pela informação. Deve tentar usar categorias que já existem em vez de criar novas. Caso contrário, o artigo da categoria ficará vazio, e é altamente recomendável adicionar uma descrição que explique quais os artigos que devem ir para a categoria. A abordagem *do MediaWiki* é ter muitas categorias em cada página, para identificar todos os aspectos do assunto dessa página. *O Semantic MediaWiki* foi criado, em parte, para eliminar a necessidade de categorias, permitindo que as propriedades semânticas representem estes dados[16].

Assim, a SMW fornece um meio adicional de estruturar a wiki. As páginas wiki têm ligações e valores de texto, mas só um leitor humano sabe o que a ligação ou o texto representam. Por exemplo, "é a capital da Alemanha com uma população de 3.396.990" significa algo muito diferente de "joga futebol pela Alemanha e ganha 3.396.990 dólares por ano". O SMW permite-lhe anotar qualquer ligação ou texto na página para descrever o significado da hiperligação ou do texto. Isto transforma as hiperligações e o texto em propriedades explícitas de um artigo. A propriedade "capital de" é diferente de "na equipa nacional de futebol de", tal como a propriedade "população" é diferente de "rendimento anual". Esta adição permite aos utilizadores ir além da mera categorização dos artigos. As propriedades são utilizadas para especificar peças únicas de informação sobre o tópico de alguma página; o valor de uma propriedade pode ser um valor autónomo ou o nome de uma página na wiki. Cada propriedade deve ser definida na sua wiki, com uma página no espaço de nomes "Propriedade:"[17].

As propriedades são usadas por uma marcação simples, semelhante à sintaxe dos links no *MediaWiki'*. [[nome da propriedade::valor]]. Esta declaração define um "valor" para a propriedade do "nome da propriedade" dado. A página onde isto é usado mostrará apenas o texto para o valor e não a atribuição da propriedade.

Considerar o artigo da Wikipédia sobre Berlim. Este artigo contém muitas ligações a outros artigos, como "Alemanha", "União Europeia" e "Estados Unidos". No entanto, a hiperligação para "Alemanha" tem um significado especial: foi aí colocada porque Berlim é a capital da Alemanha. Para que os programas informáticos tenham acesso a este conhecimento, é necessário "etiquetar" a ligação [[Alemanha]] no texto do artigo, identificando-a como uma ligação que descreve um "bem capital". Com o SMW, isto é feito colocando um "nome de propriedade" e "::" à frente da ligação dentro dos parêntesis, assim: [[É capital da::Alemanha]]. No artigo, este texto continua a ser apresentado como uma simples hiperligação para "Alemanha". O texto adicional "capital de" é o nome da propriedade que classifica a ligação para a Alemanha. Uma vez que as categorias e as propriedades se limitam a realçar uma parte específica do conteúdo de um artigo, são frequentemente designadas por anotações (semânticas). A informação que era fornecida num artigo é agora fornecida de uma forma formal e acessível a ferramentas de software.

No nosso projeto não há necessidade de utilizar categorias porque não queremos categorizar páginas. O que precisamos é de poder representar factos utilizando o meta-modelo ontológico e poder definir algumas propriedades relativas a cada facto (no contexto do metamodelo). Isto é conseguido através da utilização de propriedades e da atribuição de valores para permitir a recuperação de relações semânticas entre os factos organizacionais.

4.2.1.3 Cada página representa um tipo de facto ao nível do meta-modelo

Com base na nossa investigação teórica, decidimos que cada página wiki representa um tipo de facto ao nível do meta-modelo ou um facto ao nível do modelo. Um exemplo de um facto ao nível do modelo é: "AOl-admitter", que é uma instância do tipo de facto "ACTOR_ROLE" pertencente ao nível do meta-modelo (discutido anteriormente na secção 2.3 Meta-modelo ontológico).

Por exemplo, o facto de existirem papéis de ator numa determinada organização é representado por uma página wiki chamada "ACTOR_ROLE". Este é um tipo de facto que pertence ao nível do metamodelo. Podemos ter instâncias deste tipo de facto.

Por exemplo, o facto de existir um papel de ator elementar e de o seu nome ser "admitter" é representado pela página wiki "AOl-admitter". Trata-se de um facto ao nível do modelo.

Em cada página, haverá um conjunto de propriedades que fornecem a semântica do facto. No exemplo "AOl-admitter", ao acrescentar [[is a::ACTOR_ROLE]], a propriedade especifica o tipo de facto ao nível do meta-modelo que é "ACTOR_ROLE". As propriedades só existirão nas instâncias destes tipos de factos ao nível do meta-modelo. A única exceção é a necessidade de utilizar a propriedade "[[is a::meta_fact_type]]" para indicar cada tipo de facto (ao nível do meta-modelo) como uma instância de si próprio (um facto ao nível do modelo), permitindo-nos utilizar consultas em linha para procurar todos os tipos de factos ao nível do meta-modelo. Esta questão é abordada com mais pormenor na secção 5.3.

Assim, cada tipo de facto ao nível do meta-modelo e cada facto ao nível do modelo estão devidamente definidos e, utilizando as propriedades, podemos criar as relações semânticas necessárias para este projeto.

4.2.1.4 Nomenclatura padrão para páginas wiki e propriedades

Uma especificação normalizada é um conjunto explícito de requisitos para um artigo, material, componente, sistema ou serviço[18].

A necessidade de definir uma nomenclatura padrão para as páginas wiki é crucial para criar um modelo homogéneo e garantir a compatibilidade com outros projectos que possam ser desenvolvidos e integrados com este. Uma página wiki que represente um tipo de facto ao nível do meta-modelo é constituída por letras maiúsculas e as palavras são separadas por sublinhado. Por exemplo, a página wiki para representar um tipo de facto "tipo de transação" deve ser "TRANSACTION_KIND". Uma página wiki que representa uma instância de um tipo de facto é um pouco diferente. É constituída por uma letra maiúscula seguida de um número de ordem e, em seguida, de um hífen, seguido do nome do facto, sendo as palavras separadas por um sublinhado. Por exemplo, a página wiki "A01-admitter" é definida pela letra maiúscula "A" (que representa o papel elementar de Ator) seguida do número "01" e, depois, de um hífen seguido do nome do facto. Noutro exemplo, a página wiki "CA02-admission_approver" é definida pelas letras maiúsculas "CA" (significa papel de ator composto) seguidas do número "02" e, em seguida, de um hífen seguido do nome do facto, sendo as palavras separadas por um sublinhado.

As propriedades também têm uma nomenclatura padrão simples. Qualquer propriedade é constituída por palavras em minúsculas separadas por sublinhado. Exemplos de propriedades válidas são: "actor_id", e "initiating_actor_role". A exceção é a propriedade "is a": não existe sublinhado entre as duas palavras. A razão está relacionada com o facto de esta ser uma propriedade especial já definida internamente no SMW.

4.2.1.5 Apoiar *a* metodologia *DEMO*

Os quatro modelos de aspeto do *DEMO* (Modelo de Construção, Modelo de Processo, Modelo de Estado e Modelo de Ação) são perspectivas sob o mesmo meta-modelo. O Modelo de Construção está dividido em duas partes. Uma delas é o Modelo de Interação (IAM) que é expresso num Diagrama de Transação de Actores (ATD). Esta parte do espaço organizacional pode ser formulada no OSD correspondente (que é o OSD de Construção do *DEMO*) utilizando o meta-modelo ontológico definido na secção 2.3.

Para gerar uma ATD, precisamos de utilizar páginas wiki para definir os factos representados na OSD de construção. Para já, centramos a nossa atenção em dois tipos de factos: "ACTOR ROLE" (papel do ator) e "TRANSACTION KIND" (tipo de transação). Estes podem ser representados por duas páginas wiki que seguem a norma: "ACTOR_ROLE" e "TRANSACTION_KIND". Por exemplo, seguindo a norma, as instâncias destes tipos de factos serão: "A01-admitter" e "T02-admission_approval". Por se tratar de instâncias, devem ser definidas propriedades. A figura 13 representa a caixa semântica que mostra as propriedades da página wiki "A01-admitter".

Annotate	Create	Has part	
actor_id		A01	
actor_name		CA03-student	
actor_description		description for A01-admitter	
actor_type		Elementary Actor Role	
is a		ACTOR_ROLE	

Figura 13: Caixa semântica para a página wiki "A01- admitter"

Nesta página wiki, temos cinco propriedades: "actor_id", "actor_name", "actor_description", "actorjype" e "is a". A propriedade "is a" pode ser considerada uma ligação e cria a relação semântica com a página wiki do tipo de facto correspondente ("ACTOR_ROLE"). A Figura 14 ilustra a definição textual que pode ser utilizada para criar a página wiki "AOl-admitter".

Editing A01-admitter

```
'''Actor ID:''' [[actor_id::A01]]<br>
'''Actor Name:''' [[actor_name::CA03-student]]<br>
'''Actor Description:''' [[actor_description::description for A01-admitter]]<br>
'''Actor type:''' [[actor_type::Elementary Actor Role]]<br>
'''Fact type:''' [[is a::ACTOR_ROLE]]
```

Figura 14: Definição textual para a página wiki "AOl-admitter"

4.2.1.6 O tipo de facto "DIAGRAMA

Para gerar um diagrama, é útil saber que tipo de diagrama vamos gerar. Criámos uma página wiki para definir o tipo de facto "DIAGRAMA". Este tipo de facto pode ser utilizado para criar instâncias do tipo de facto "DIAGRAMA".

Qualquer instância de um tipo de facto "DIAGRAM" terá propriedades. Assim, podemos definir o tipo através da propriedade "diagramjype" (por exemplo, ATD ou OSD) e definir a propriedade "fact_type" como "DIAGRAM".

Para definir instâncias de outros tipos de factos ("ACTOR_ROLE", "TRANSACTION_KIND", ...), e determinar a que diagrama pertencem, definimos uma propriedade chamada "Represented in".

4.2.1.7 A propriedade "Representado em

Agora que temos um padrão para criar as páginas wiki, e também podemos criar instâncias de "DIAGRAMA", precisamos de associar uma determinada página a um ou mais diagramas, onde um determinado objeto gráfico vai ser desenhado. Para atingir este objetivo, criámos a propriedade "Representado em", que nos permite definir em que diagrama(s), por exemplo, uma determinada instância do tipo de facto "ACTOR_ROLE" pode ser representada. Também é útil armazenar as coordenadas "x" e "y" onde o objeto gráfico será desenhado nesse diagrama, onde se liga e que conectores estão disponíveis para outros objectos.

4.3 Usando *o Graphviz* para gerar automaticamente diagramas *DEMO*

4.3.1 Extensão *SemanticGraph*

Para gerar diagramas ATD, utilizámos a extensão *SemanticGraph*. Esta extensão foi criada por Rob Challen e é baseada na extensão *Graphviz* para SMW. Basicamente *o SemanticGraph* tem sete ficheiros, quatro dos quais foram adaptados para servir os nossos propósitos. O ficheiro "SemanticGraphSettings.php" contém as configurações essenciais para que esta extensão funcione corretamente. Primeiro tivemos de definir o caminho completo para a ferramenta DOT, incluída na instalação *do Graphviz*. Depois tivemos que definir algumas opções para todos os gráficos dot. Estas opções estão relacionadas com a disposição dos gráficos, nós e arestas (i.e., direção do gráfico da esquerda para a direita, nome e tamanho da fonte, distância mínima entre nós e arestas, entre outras). Durante o desenvolvimento deste projeto, estas opções foram refinadas várias vezes até obtermos o melhor resultado.

4.4 Utilizar *SemanticForms* para criar páginas wiki

No nosso projeto, a extensão *SemanticForms* é utilizada para criar e gerir facilmente páginas wiki. Permite-nos criar um modelo onde definimos as propriedades que serão mantidas nas páginas wiki que utilizarão o modelo. Cada propriedade será associada a um nome de campo interno. Também nos permite criar um formulário, que utilizará o modelo definido. Esse formulário pode então ser utilizado para criar automaticamente páginas wiki. A extensão *SemanticForms* também é muito útil porque permite preencher os campos com dados predefinidos (por exemplo, os dados predefinidos para o campo "Representar em" são "ATD1", que se refere ao diagrama predefinido), definir campos obrigatórios, definir campos ocultos e mostrar dicas de preenchimento para os campos.

4.5 Desenvolvimento de uma nova extensão: *SemanticDEMO*

Utilizámos o software *Graphviz* e a extensão *SemanticGraph* para criar um diagrama. O diagrama final era facilmente legível se fossem definidas poucas páginas de recursos. Por outro lado, o diagrama era confuso se fossem definidas várias páginas de recursos. Além disso, não tínhamos qualquer controlo sobre a colocação e/ou deslocação dos símbolos do diagrama. O principal objetivo do desenvolvimento de uma nova extensão é ultrapassar estes problemas e conseguir produzir diagramas melhores. A extensão *SemanticDEMO* deve ser capaz de criar um ficheiro SVG com base em páginas de símbolos que representam instâncias de tipos de factos definidos na nossa Wiki. Esta extensão deve também permitir ao utilizador colocar e/ou mover símbolos de diagramas, criar e/ou remover ligações e atualizar automaticamente a base de dados Wiki com os novos valores semânticos.

Capítulo 5

5 Implementação

Este capítulo explica em pormenor o trabalho implementado, as modificações efectuadas e onde o trabalho foi realizado. Destina-se a explicar os detalhes do projeto e, especialmente, a ajudar aqueles que irão trabalhar com o projeto no futuro, esclarecendo o que foi feito e relatando os problemas encontrados. Passando ao trabalho realizado, a primeira parte foi sobretudo de pesquisa e compreensão do contexto do projeto, e depois tivemos três grandes tópicos para trabalhar: como usar o *Semantic MediaWiki* para representar factos organizacionais, como usar o *Graphviz* para gerar automaticamente diagramas *DEMO*, e como criar uma nova extensão para gerar melhores diagramas *DEMO*. Começamos o capítulo com uma explicação sobre as consultas inline do *Semantic MediaWiki*, que estão relacionadas com a secção 5.2, onde detalhamos como representar factos organizacionais utilizando o SMW. Também explicamos como utilizámos a extensão *SemanticForms*, o tipo de facto "DIAGRAM" e a propriedade "Represented in". A secção seguinte explica alguns conceitos relacionados com o *Graphviz* e imagens SVG que estão relacionados com a secção 5.4 onde detalhamos a adaptação da extensão *SemanticGraph* para gerar diagramas *DEMO*. Depois, na secção 5.5, resumimos os passos necessários para gerar automaticamente diagramas ATD. Na secção 5.6 detalhamos a implementação da nossa nova extensão denominada *SemanticDEMO*. No final, são descritos alguns dos problemas encontrados.

5.1 Consultas inline *semânticas do MediaWiki*

O Semantic MediaWiki inclui uma funcionalidade chamada consultas em linha que permite aos utilizadores solicitar diretamente determinadas informações do wiki. As consultas em linha exploram os mecanismos de cache existentes no *MediaWiki*. Assim, a maioria dos pedidos de uma página com esses conteúdos pode ser servida sem qualquer impacto no desempenho.[19] A forma básica de escrever uma consulta em linha é usar a função #ask do analisador. A string de consulta e quaisquer declarações de impressão são dadas diretamente como parâmetro, como no exemplo seguinte:

```
{{#ask: [[Category:City]] [[localizada em::Alemanha]]
| ?população
| ?area#km² = Tamanho em km²
"
```

Aqui consultamos todas as cidades localizadas na Alemanha e são utilizadas duas instruções de impressão adicionais (uma simples e outra com algumas definições extra). Isto apresenta o seguinte resultado numa página:

0	0 População	0 Dimensão em km*
Berlim	3,391,409	891,85 km²
Frankfurt		
Munique	1,259,677	310,46 km¹
Estugarda	595,462	208.753 km²

Figura 15: Consulta de resultados para todas as cidades localizadas na Alemanha

É comum colocar a consulta como o primeiro parâmetro atrás de #ask:. Todos os outros parâmetros são separados por |, tal como para outras funções do analisador. A formatação exacta da consulta em linha não é essencial, mas é bom usar quebras de linha para a tornar mais legível para outros editores: uma linha por parâmetro, começando com o | é mais aceite na prática.

Note-se que todos os argumentos da função #ask: são ignorados pela análise da página, pelo que o exemplo acima não adiciona uma categoria ou uma anotação de propriedade "located in" a esta página. Mais algumas coisas a notar são:

- O símbolo do tubo "|" é utilizado para separar as condições da propriedade a apresentar.

- As condições para apresentação são um único argumento para a função #ask, pelo que não existem símbolos '|' entre elas.
- O espaço em branco e as quebras de linha podem ser utilizados na função #ask, o SMW é bastante flexível neste domínio.
- O formato de apresentação dos resultados altera-se quando o utilizador solicita a apresentação de propriedades adicionais. O SMW selecciona um formato predefinido adequado para os resultados da consulta, mas o utilizador também tem um controlo detalhado do aspeto dos resultados da consulta.

Por exemplo, no nosso projeto, utilizamos consultas em linha para apresentar todas as instâncias do tipo de facto "ACTOR_ROLE".

No exemplo seguinte, a cadeia de consulta está localizada na página que representa o tipo de facto:

```
{{#ask: [[isa::ACTOR_ROLE]] [[actor_type::Elementary Ator Role]]
| ?actor_id
| ?nome_do_actor
| format=table
"
```

Aqui procuramos todas as instâncias do tipo de facto "ACTOR_ROLE" que são "Elementary Ator Role". Isto apresenta o seguinte resultado numa página:

0	0 Identificação do ator	0 Nome do ator
A01-ad m ¡tier	A01	CA03-estudante
A03-inscrito	A03	registador
A04-registrar	A04	registador
Programador de cursos AOS	AOS	programador de cursos
A06 - gestor de curso	AOG	gestor do curso
Programador de exames AOZ	AO 7	agendador de exames
AO8 - gestor de exames	AOS	gestor de exames

Figura 16: Consulta de resultados para o tipo de facto "ACTOR_ROLE" que são elementares

O exemplo seguinte difere do anterior porque procuramos todas as instâncias do tipo de facto "ACTOR_ROLE" que são "Composite Ator Role".

```
{{#ask: [[is a::ACTOR_ROLE]] [[actor_type::Composite Ator Role]]
| ?actor_id
| ?nome_do_actor
| format=table
"
```

Isto apresenta o seguinte resultado numa página:

0	0 Identificação do ator	® Nome do ator
CA01-estudante aspirante	CA01	aspirante a estudante
CA02-aprovador de admissão	CA02	responsável pela aprovação da admissão
CAO 3-stu de nt	CA03	estudante

Figura 17: Consulta de resultados para o tipo de facto "ACTOR_ROLE" que são compostos

No nosso projeto, também utilizamos consultas em linha para apresentar todos os tipos de factos ao nível do meta-modelo. A página wiki "All_Meta_Fact_Type" utiliza a seguinte consulta em linha:

{{#ask: [[is a::meta_fact_type]]

| ?fact_name

| format=table

}}

Isto apresenta o seguinte resultado numa página:

0	0 Nome do facto
PAPEL DE ACTOR	PAPEL DE ACTOR
ACTOR ROLE.é.um.iniciador.do.TIPO.DE.TRANSAÇÃO	ACTOR ROLE.é.um.iniciador.do.TIPO.DE.TRANSAÇÃO
O ACTOR ROLE é o executor do tipo de transação	O ACTOR ROLE é o executor do tipo de transação
TIPO DE TRANSACÇÃO	TIPO DE TRANSACÇÃO

Figura 18: Consulta de resultados para todos os tipos de factos ao nível do meta-modelo

Para alcançar este resultado, cada página de tipo de facto tem de incluir as seguintes propriedades:
"'Fact name:'" [[fact_name::ACTOR ROLE]]

"'Fact type:'" [[is a::meta_fact_type]]

O exemplo anterior mostra a definição de propriedades para o tipo de facto "ACTOR_ROLE".

5.2 Utilizar propriedades para definir factos organizacionais

Como dissemos anteriormente, as propriedades só existirão nas instâncias dos tipos de factos. A única exceção é a necessidade de utilizar a propriedade "[[is a::meta_fact_type]]" para declarar cada tipo de facto (ao nível do meta-modelo) como uma instância de si próprio (um facto ao nível do modelo). Assim, as páginas wiki "ACTOR_ROLE" e "TRANSACTION_KIND" terão a propriedade "is a::" e as páginas wiki que são instâncias destas duas páginas terão um conjunto de propriedades. A figura 19 representa a caixa semântica que mostra as propriedades da página wiki "CA01- aspirante_estudante".

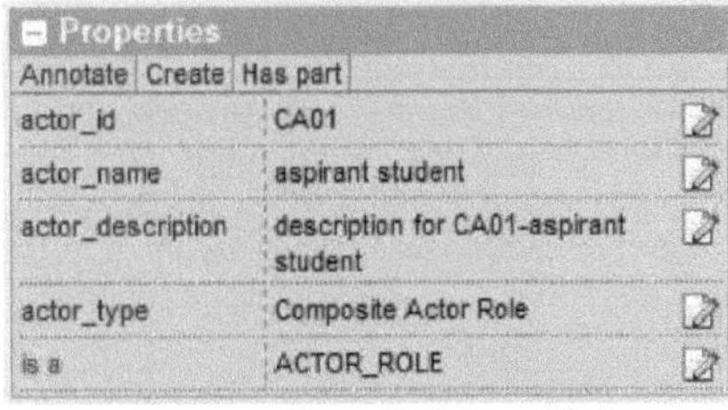

Figura 19: Caixa semântica para a página wiki "CA01- aspirante_estudante"

Nesta página wiki, temos cinco propriedades: "actor_id", "actor_name", "actor_description", "actorjype" e "is a". A propriedade "is a" pode ser considerada uma ligação e cria a relação semântica com a página wiki do tipo de facto correspondente ("ACTOR_ROLE"). A figura 20 ilustra a definição textual que pode ser utilizada para criar a página wiki.

Editing CA01-aspirant student

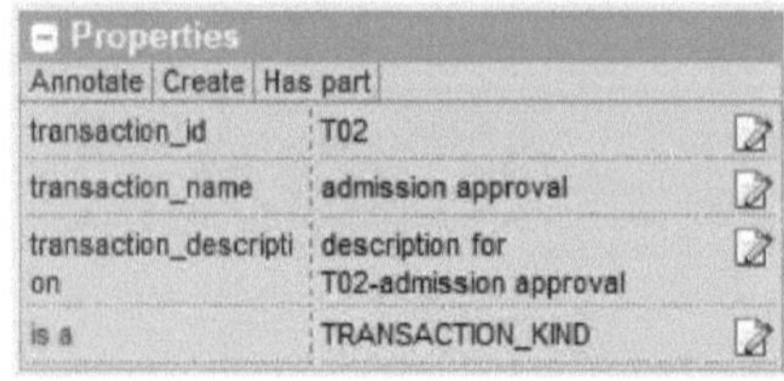

Figura 20: Definição textual para a página wiki "CA01-aspirant_student"

A figura 21 mostra a caixa semântica que apresenta as propriedades da página wiki "T02-admissão_aprovação".

Properties		
Annotate	Create	Has part
transaction_id	T02	
transaction_name	admission approval	
transaction_descripti on	description for T02-admission approval	
is a	TRANSACTION_KIND	

Figura 21: Caixa semântica para a página wiki "T02-admissão_aprovação"

Nesta página, temos quatro propriedades: "transaction_id", "transaction_name", "transaction_description" e "is a". A propriedade "is a" pode ser considerada uma ligação e cria a relação semântica com a página wiki do tipo de facto correspondente ("TRANSACTION_KIND"). A figura 22 ilustra a definição textual que pode ser utilizada para criar a página wiki "T02-admission_approval".

Editing T02-admission approval

Também queremos concentrar a nossa atenção em dois factos binários: "A é um iniciador de T" e "A é o executor de T". Estes factos podem ser representados por duas páginas wiki que seguem a norma:
"ACTOR_ROLE.is_an_initiator_of.TRANSACTION_KIND" e
"ACTOR_ROLE.is_the_executor_of.TRANSACTION_KIND". A referência à letra "A" significa que se trata de um papel de ator e a referência à letra "T" significa que se trata de um tipo de transação.

Figura 22: Definição textual para a página wiki "T02-admission_approval"

Os dois factos binários podem ser interpretados substituindo essas letras. Por exemplo, seguindo a norma, as instâncias destes tipos de factos serão: "A01-admitter.is_an_initiator_of.T02-admission_approval" e "A03- enroller.is_the_executor_of.T03-course_enrollment". A figura 23 representa a caixa semântica que mostra as propriedades da página wiki "A01-admitter.is_an_initiator_of.T02- admission_approval".

Properties		
Annotate	Create	Has part
initiating_actor_role	A01-admitter	
initiated_transaction	T02-admission_approval	
is a	ACTOR_ROLE.is_an_initiator_of.TRANSACTION_KIND	

Figura 23: Caixa semântica para a página wiki "A01- admitter.is_an_initiator_of.T02- admission_approval"

Nesta página, temos três propriedades: "initiating_actor_role", "initiated_transaction" e "is a". Aqui, as duas primeiras propriedades podem ser consideradas como ligações e criam as relações semânticas com as páginas wiki correspondentes. Estas propriedades indicam qual o papel do ator que inicia a transação. A propriedade "is a" pode ser considerada uma ligação e cria a relação semântica com a página wiki do tipo de facto correspondente ("ACTOR_ROLE.is_an_initiator_of.TRANSACTION_KIND"). A Figura 24 ilustra a definição textual que pode ser utilizada para criar a página wiki "A01- admitter. is_an_initiator_of.T02-admission_approval".

A figura 25 mostra a caixa semântica que apresenta as propriedades da página wiki "A03-enroller.is_the_executor_of.T03-course_enrollment".

Editing A01-admitter.is an initiator of.T02-admission approval

```
'''Initiating Actor Role:''' [[initiating_actor_role::A01-admitter]]<br>
'''Initiated Transaction:''' [[initiated_transaction::T02-admission_approval]]<br>
'''Fact type:''' [[is a::ACTOR_ROLE.is_an_initiator_of.TRANSACTION_KIND]]
```

Figura 24: Definição textual para a página wiki "A01-admitter.is_an_initiator_of.T02-admission_approval"

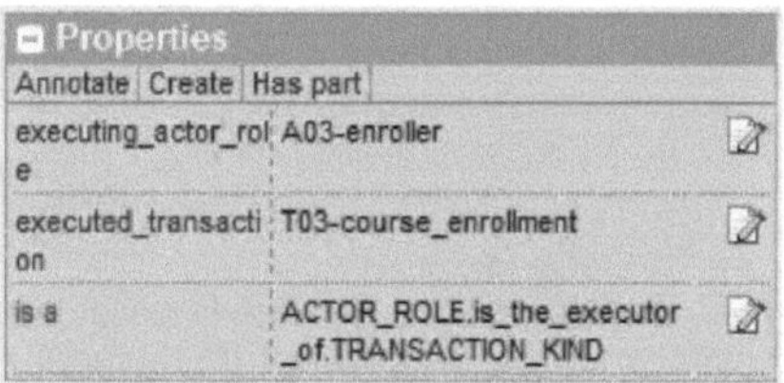

Figura 25: Caixa semântica para a página wiki "A03- enroller.is_the_executor_of.T03- course_enrollment"

Nesta página, temos três propriedades: "executing_actor_role", "executed_transaction" e "is a". Aqui, as duas primeiras propriedades podem ser consideradas como ligações e criam as relações semânticas com as páginas wiki correspondentes. Estas propriedades indicam qual o papel do ator que executa a transação. A propriedade "is a" pode ser considerada uma ligação e cria a relação semântica com a página wiki do tipo de facto do meta-modelo correspondente ("ACTOR_ROLE.is_the_executor_of.TRANSACTION_KIND"). A Figura 26 ilustra a definição textual que pode ser utilizada para criar a página wiki "A03- enroller.is_the_executor_of.T03-course_enrollment".

Editing A03-enroller.is the executor of.T03-course enrollment

```
'''Executing Actor Role:''' [[executing_actor_role::A03-enroller]]<br>
'''Executed Transaction:''' [[executed_transaction::T03-course_enrollment]]<br>
'''Fact type:''' [[is a::ACTOR_ROLE.is_the_executor_of.TRANSACTION_KIND]]
```

Figura 26: Definição textual para a página wiki "A03-enroller.is_the_executor_of.T03-course_enrollment"

A forma correcta de criar as instâncias dos tipos de factos é criar primeiro as instâncias "ACTOR_ROLE" e "TRANSACTION_KIND" e só depois criar as instâncias "ACTOR_ROLE.is_an_initiator_of.TRANSACTION_KIND " e "ACTOR_ROLE.is_the_executor_of.TRANSACTION_KIND".

Para ajudar na tarefa de memorizar todos os nomes dos tipos de factos, a extensão Halo é muito útil. Por exemplo, basta começar a escrever "A" e todo o texto que comece com essa letra aparecerá na caixa de preenchimento automático. A Figura 27 mostra a extensão Halo a funcionar.

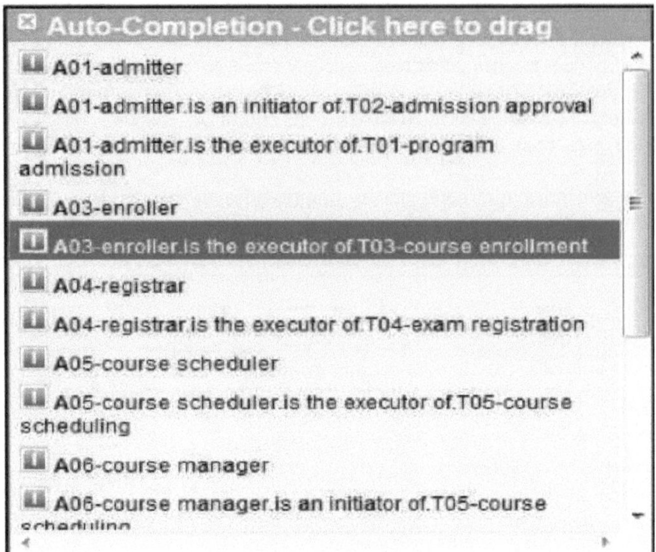

Figura 27: Caixa de preenchimento automático do halo

No nosso projeto, a extensão *SemanticForms* é utilizada para criar e gerir facilmente páginas wiki. Para utilizar esta extensão, precisamos de navegar em "http://localhost/wiki/index.php/Special:SpecialPages" e escolher uma das seguintes opções:

Desta forma, podemos definir propriedades de uma forma muito clara para ligar páginas e criar relações semânticas entre elas.

5.2.1 Utilizar a extensão *SemanticForms* para criar páginas wiki

Formas semânticas

Figura 28: "Opções "SemanticForms

Primeiro, precisamos de criar um modelo onde definimos as propriedades que serão mantidas nas páginas wiki que utilizarão o modelo. Cada propriedade será associada a um nome de campo interno. A definição das propriedades é efectuada utilizando a opção "Criar um modelo".
A Figura 29 mostra o formulário utilizado para criar um novo modelo.

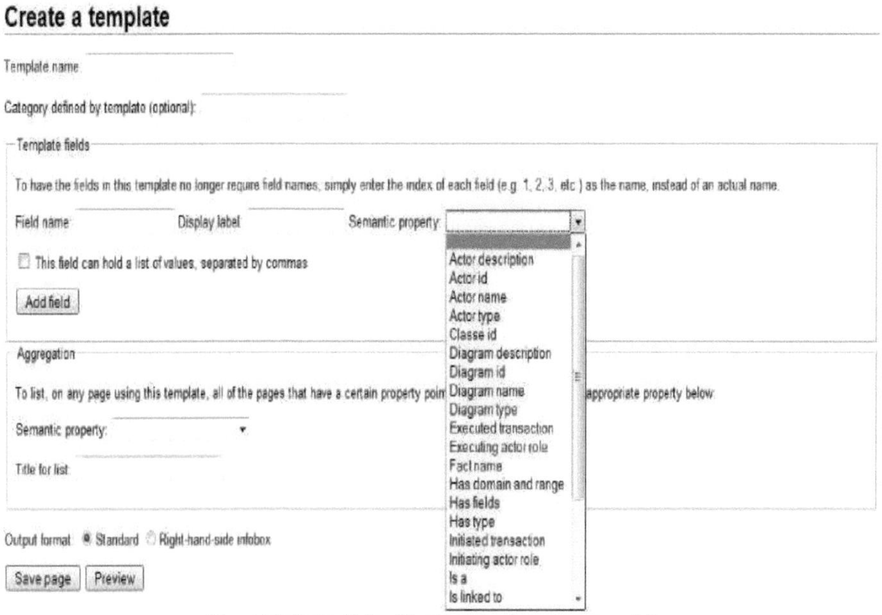

Create a template

Template name:

Category defined by template (optional):

Template fields

To have the fields in this template no longer require field names, simply enter the index of each field (e.g. 1, 2, 3, etc.) as the name, instead of an actual name.

Field name: Display label: Semantic property:

☐ This field can hold a list of values, separated by commas

Add field

Actor description
Actor id
Actor name
Actor type
Classe id
Diagram description
Diagram id
Diagram name
Diagram type
Executed transaction
Executing actor role
Fact name
Has domain and range
Has fields
Has type
Initiated transaction
Initiating actor role
Is a
Is linked to

Aggregation

To list, on any page using this template, all of the pages that have a certain property point Diagram name   appropriate property below:

Semantic property:

Title for list:

Output format: ⦿ Standard ○ Right-hand-side infobox

Save page   Preview

Figura 29: Formulário utilizado para criar um novo modelo

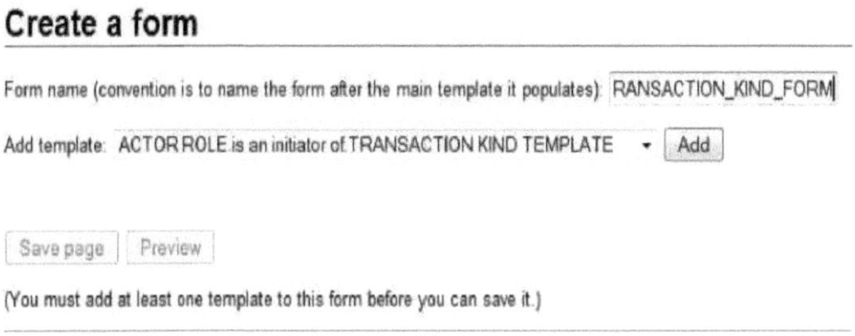

Create a form

Form name (convention is to name the form after the main template it populates): RANSACTION_KIND_FORM

Add template: ACTOR ROLE is an initiator of TRANSACTION KIND TEMPLATE ▾ Add

Save page   Preview

(You must add at least one template to this form before you can save it.)

Figura 30: Definição do nome do formulário e do modelo utilizado

De seguida, é necessário criar um formulário utilizando a opção "Create a form" (Figura 28).

O passo seguinte consiste em definir o nome do formulário e o modelo a utilizar.

Na figura acima, estamos a criar o formulário "ACTOR_ROLE.is_an_initiator_of.TRANSACTION_KIND_FORM" utilizando o modelo correspondente (criado anteriormente).

Ao clicar no botão "Adicionar", os campos e as propriedades definidos no modelo escolhido são carregados e podem ser definidas algumas opções (por exemplo, se um campo é obrigatório, oculto e também o tipo de propriedade).

A Figura 31 mostra os campos, as propriedades e as opções disponíveis na secção

«ACTOR_ROLE.is_an_initiator_of.TRANSACTION_KIND_TEMPLATE» template.

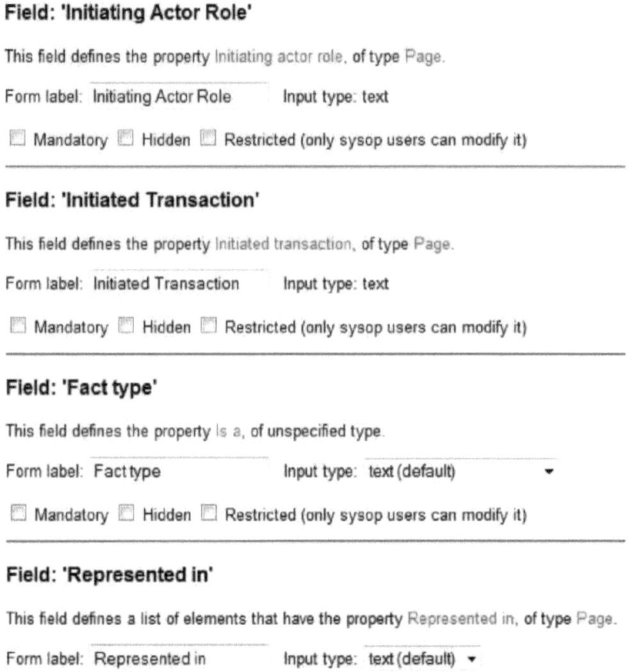

Field: 'Initiating Actor Role'

This field defines the property Initiating actor role, of type Page.

Form label: Initiating Actor Role   Input type: text

☐ Mandatory ☐ Hidden ☐ Restricted (only sysop users can modify it)

Field: 'Initiated Transaction'

This field defines the property Initiated transaction, of type Page.

Form label: Initiated Transaction   Input type: text

☐ Mandatory ☐ Hidden ☐ Restricted (only sysop users can modify it)

Field: 'Fact type'

This field defines the property Is a, of unspecified type.

Form label: Fact type   Input type: text (default)   ▼

☐ Mandatory ☐ Hidden ☐ Restricted (only sysop users can modify it)

Field: 'Represented in'

This field defines a list of elements that have the property Represented in, of type Page.

Form label: Represented in   Input type: text (default) ▼

Figura 31: Campos e propriedades definidos no modelo selecionado

O formulário criado pode então ser utilizado para criar automaticamente páginas wiki que representarão factos organizacionais ao nível do modelo.

Podemos procurar todos os modelos criados no nosso EOMediaWiki navegando em "http://localhost/wiki/index.php/Special:SpecialPages", e escolher a opção "Templates":

Lists of pages

o All pages
o All pages with prefix
o Categories
o Disambiguation pages

o Forms
o List of redirects
o Templates
o Types

Figura 32: "Opções "Listas de páginas

A figura seguinte mostra 5 modelos que podemos utilizar para criar instâncias dos tipos de factos correspondentes.

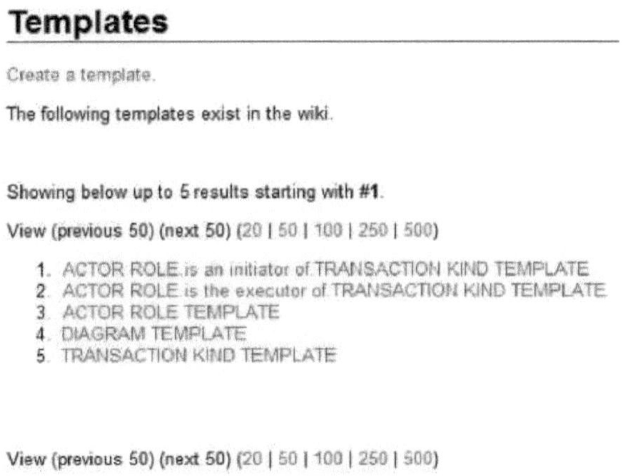

Templates

The following templates exist in the wiki.

Showing below up to 5 results starting with #1.

View (previous 50) (next 50) (20 | 50 | 100 | 250 | 500)

1. ACTOR ROLE is an initiator of TRANSACTION KIND TEMPLATE
2. ACTOR ROLE is the executor of TRANSACTION KIND TEMPLATE
3. ACTOR ROLE TEMPLATE
4. DIAGRAM TEMPLATE
5. TRANSACTION KIND TEMPLATE

View (previous 50) (next 50) (20 | 50 | 100 | 250 | 500)

Figura 33: Modelos existentes na nossa EOMediaWiki

Clicando no resultado número 4 (MODELO DE DIAGRAMA), podemos aceder à sintaxe utilizada para criar o formulário correspondente que será utilizado para criar a página wiki.

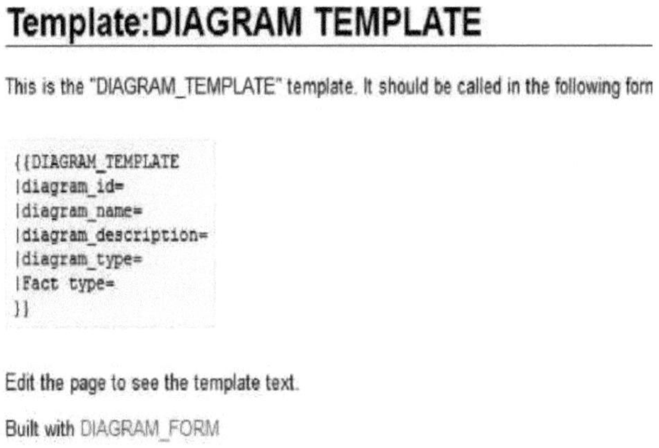

Template:DIAGRAM TEMPLATE

This is the "DIAGRAM_TEMPLATE" template. It should be called in the following form

```
{{DIAGRAM_TEMPLATE
|diagram_id=
|diagram_name=
|diagram_description=
|diagram_type=
|Fact type=
}}
```

Edit the page to see the template text.

Built with DIAGRAM_FORM

nat:

Figura 34: "Vista simples do "MODELO DE DIAGRAMA

A Figura 34 mostra a vista simples. A vista de edição (texto do modelo) é mais complexa e permite a um utilizador avançado editar e definir em pormenor o modelo.

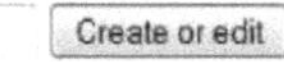

Figura 35: Vista de edição "DIAGRAM TEMPLATE" (texto do modelo)

Na figura 35, podemos observar que cada nome de campo está semanticamente ligado a uma propriedade existente no EOMediaWiki (por exemplo, a propriedade semântica "Is a" está ligada ao campo "Fact type").

Na vista simples, podemos clicar em "DIAGRAM_FORM" para ver o formulário correspondente.

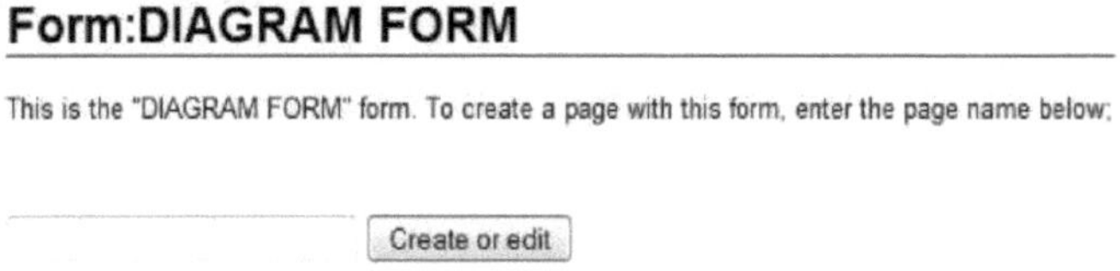

Form:DIAGRAM FORM

This is the "DIAGRAM FORM" form. To create a page with this form, enter the page name below:

Create or edit

Figura 36: "Vista simples do "FORMULÁRIO DE DIAGRAMA

A Figura 36 mostra a vista simples. A vista de edição (texto do formulário) é mais complexa e permite a um utilizador avançado editar e definir em pormenor o formulário.

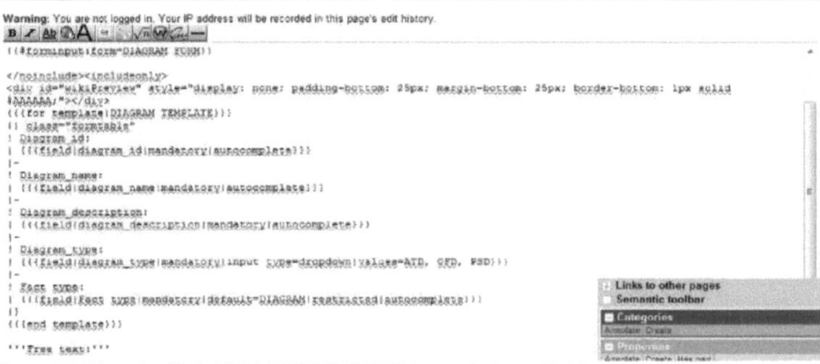

Figura 37: Vista de edição "DIAGRAM FORM" (texto do formulário)

Também podemos procurar todos os formulários criados no nosso EOMediaWiki navegando em "http://localhost/wiki/index.php/Special:SpecialPages" e escolhendo a opção "Forms".

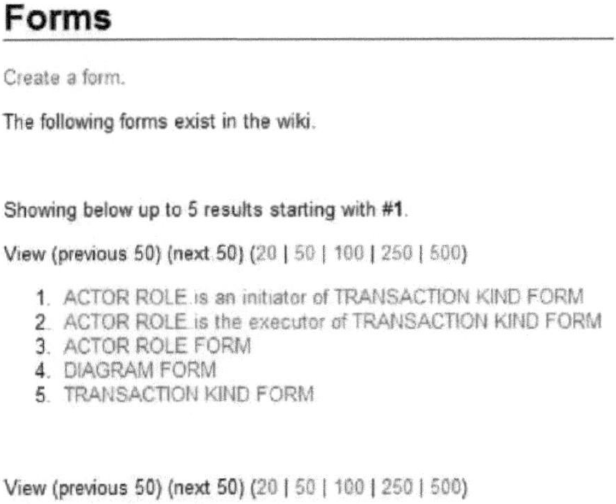

Forms

The following forms exist in the wiki.

Showing below up to 5 results starting with #1.

View (previous 50) (next 50) (20 | 50 | 100 | 250 | 500)

1. ACTOR ROLE is an initiator of TRANSACTION KIND FORM
2. ACTOR ROLE is the executor of TRANSACTION KIND FORM
3. ACTOR ROLE FORM
4. DIAGRAM FORM
5. TRANSACTION KIND FORM

View (previous 50) (next 50) (20 | 50 | 100 | 250 | 500)

Figura 38: Formulários existentes na nossa EOMediaWiki

O processo de visualização e/ou edição de um formulário é semelhante ao processo de edição de modelos anteriormente descrito em pormenor.

Os modelos e os tipos de factos têm um nome semelhante, por exemplo, "ACTOR_ROLE" e "TRANSACTION_KIND" tornam-se "ACTOR_ROLE_TEMPLATE" e "TRANSACTION_KIND_TEMPLATE".

Seguindo a mesma linha de pensamento, os formulários e modelos também têm um nome semelhante, por exemplo, "ACTOR_ROLE_TEMPLATE" torna-se "ACTOR_ROLE_FORM".

A extensão *SemanticForms* também é muito útil porque nos permite preencher os campos com dados predefinidos (por exemplo, os dados predefinidos para o campo "Represent in" são "ATD1", que se refere ao diagrama predefinido), definir campos obrigatórios, definir campos ocultos e mostrar dicas de preenchimento para os campos.

Figura 39: "Formulário "ACTOR_ROLE_FORM

Por exemplo, a figura 39 mostra o "ACTOR_ROLE_FORM" que se baseia no "ACTOR_ROLE_TEMPLATE". Podemos observar que o campo/propriedade "Ator type" é obrigatório e deve ser um dos seguintes: "Elementary Ator Role" ou "Composite Ator Role". Além disso, o "Fact type" predefinido é "ACTOR_ROLE".

Na secção 5.2.3, abordaremos um problema relacionado com o facto de esta versão da extensão utilizada no nosso projeto não permitir a definição de propriedades "n-árias".

5.2.2 Utilizar o tipo de facto "DIAGRAMA

Tal como mencionado na secção 5.2.1, criámos uma página wiki para definir o tipo de facto "DIAGRAMA". Porquê a necessidade de criar este tipo de facto? A resposta é obtida automaticamente quando se observam as propriedades definidas na página.

DIAGRAM

Represents the fact type «DIAGRAM».

Fact name: DIAGRAM
Fact type: meta_fact_type

Properties

diagram_id::String
diagram_name::String
diagram_description::String
diagram_type (ATD | OFD | PSD)::String
is a::meta_fact_type

⊠	⊠ Diagram id	⊠ Diagram name
ATD3	ATD3	ATD3
Library Global ATD	ATD1	Library Global ATD

Figura 40: "Página wiki do tipo de facto "DIAGRAMA

A Figura 40 mostra que este tipo de facto pode ser utilizado para definir páginas wiki de diagramas e implicar o seu tipo. Por exemplo, utilizando uma consulta #ask, obtivemos uma página chamada "Library Global ATD" com um ID "ATD1". A definição da página "Library Global ATD" é mostrada na figura seguinte.

Editing Library Global ATD

Warning: You are not logged in. Your IP address will be recorded in this page's edit history.

```
'''Diagram ID:''' [[diagram_id::ATD1]]<br>
'''Diagram Name:''' [[diagram_name::Library Global ATD]]<br>
'''Diagram Description:''' [[diagram_description::description for ATD1]]<br>
'''Diagram type:''' [[diagram_type::ATD]]<br>
'''Fact type:''' [[is a::DIAGRAM]]
```

Figura 41: "Definição da página "Library Global ATD

Na figura 41, a propriedade "diagram_type" está definida como "ATD" e a propriedade "fact_type" está definida como "DIAGRAM", o que implica que esta página wiki é um tipo de facto "diagrama". Para definir instâncias de outros tipos de factos ("ACTOR_ROLE", "TRANSACTION_KIND", ...), e determinar a que diagrama pertencem, definimos uma propriedade chamada "Represented in". Este assunto é abordado na próxima secção
5.2.3 .

5.2.3 Utilizar a propriedade "Representado em

A propriedade "Represented in" é utilizada para definir as instâncias de tipo de facto ("ACTOR_ROLE", "TRANSACTION_KIND", ...) e determinar a que diagrama pertencem.

A08-exam manager

Actor ID: A08
Actor Name: exam manager
Actor Description: description for A08-exam manager
Actor type: Elementary Actor Role
Fact type: ACTOR_ROLE
Represented in: ATD1

**Figura 42: Página Wiki "A08-exam_manager"
que é uma instância do
tipo de
facto "ACTOR_ROLE**

A Figura 42 mostra as propriedades definidas na página wiki "A08-exam_manager", que é uma instância do tipo de facto "ACTOR_ROLE". A propriedade "Representado em" está definida como "ATD1", o que significa que esta instância pertence ao diagrama "ATD1".

Mas, desta forma, a página wiki "A08-exam_manager" só pode ser representada no diagrama "ATD1" e não podemos armazenar quaisquer dados relacionados com a posição do objeto gráfico nesse diagrama.

A solução encontrada é a utilização das propriedades "n-árias", agora designadas por "registos".
O registo de tipo de dados é utilizado para valores de propriedades que consistem numa lista curta de valores de outros tipos de dados. Para cada propriedade que utilize este tipo de dados, a ordem e o tipo dos campos individuais do registo são fixos, com base numa declaração Has fields na página da propriedade. Os campos individuais num valor de registo são separados por ponto e vírgula (;).
Nas versões anteriores do SMW, as propriedades de registo eram também designadas por propriedades de muitos valores ou propriedades "n-árias".
Uma propriedade de registo é declarada escrevendo [[has type::record]] na respectiva página de propriedades e definindo os tipos dos campos do registo com a propriedade Has fields. Por exemplo, para definir um registo com um campo Data, uma Página e um Número, pode escrever [[has fields::Date; Page; Number]]][20].
Para permitir que uma página wiki seja associada a diferentes diagramas e definir a posição do objeto que representa nos diagramas, redefinimos a propriedade "Representado em" e utilizámos a propriedade "registo", como mostra a figura seguinte:

A08-exam manager

Actor ID: A08
Actor Name: exam manager
Actor Description: description for A08-exam manager
Actor type: Elementary Actor Role
Fact type: ACTOR_ROLE
Represented in: ATD1 (150, 150, E)
Represented in: OFD (200, 200, N)
Represented in: ATD6 (100, 100, S)

Figura 43: Página Wiki "A08-exam_manager"
que pode ser representada em diferentes diagramas

Agora, o objeto gráfico que a página "A08-exam_manager" representa pode ser desenhado em três diagramas diferentes: ATD1, OFD e ATD6; e em cada diagrama o objeto é representado em diferentes coordenadas x e y, e ligado ao ponto definido (Norte, Sul, Este, Oeste).
A Figura 44 mostra a vista de edição onde podemos observar a sintaxe utilizada. Os itens são separados por ponto e vírgula (;) à frente da propriedade "Representado em".

Editing A08-exam manager

```
'''Actor ID:''' [[actor_id::A08]]<br>
'''Actor Name:''' [[actor_name::exam manager]]<br>
'''Actor Description:''' [[actor_description::description for A08-exam manager]]<br>
'''Actor type:''' [[actor_type::Elementary Actor Role]]<br>
'''Fact type:''' [[is a::ACTOR_ROLE]]
<br>
'''Represented in:''' [[represented in::ATD1;150;150;E]]
<br>
'''Represented in:''' [[represented in::OFD;200;200;N]]
<br>
'''Represented in:''' [[represented in::ATD6;100;100;S]]
```

Figura 44: Vista de edição da página wiki "A08-exam_manager"

Assim, a propriedade "Representado em" passa a ser definida da seguinte forma:

Property:Represented in

Type:Record

name
x_coord
y_coord
item_connected => (N, E, S, W)

Page, Number, Number, String

Figura 45: Definição da propriedade "Representado em".
A propriedade "Represented in" pertence ao tipo "Record" e tem quatro campos: "name" que pertence

ao tipo "Page", "x_coord" que pertence ao tipo "Number", "y_coord" que pertence ao tipo "Number" e "item_connected" que pertence ao tipo "String".

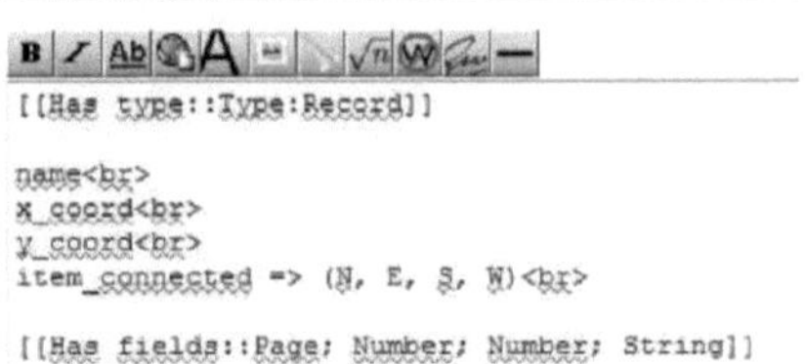

Figura 46: Vista de edição da definição da
propriedade "Representado em

A Figura 46 mostra a vista de edição da definição da propriedade. Conseguimos definir quatro campos e atribuir diferentes tipos utilizando a palavra-chave "[[Has fields:: Page; Number; Number; String]]. A versão de lançamento da extensão *SemanticForms* utilizada no nosso projeto não permite a definição de propriedades "n-árias". Assim, ainda podemos utilizar a extensão, criar modelos e utilizar os formulários para criar e gerir facilmente páginas wiki, mas temos de editar manualmente a página para definir correctamente a propriedade "Representado em".

Também relacionado com este assunto, desenvolvemos um pequeno código PHP que pesquisa na base de dados EOMediaWiki para encontrar todas as páginas wiki que devem ser representadas graficamente num determinado diagrama, com base na propriedade "Represented in".

Primeiro, precisámos de encontrar as tabelas da base de dados onde os dados estavam armazenados. Assim, as tabelas "eomw_page", "eomw_pagelinks", "eomw_smw_ids", "eomw_smw_rels2" e "eomw_smw_atts2" são responsáveis por armazenar e relacionar as propriedades semânticas.

O ficheiro "EOMediaWiki_get_diagram_items.php" contém código PHP que nos permite procurar nas tabelas da base de dados e obter o seguinte resultado:

Page name	SMW ID	SMW Namespace	Diagram	X coord	Y coord	Conector
A05-course_scheduler	166	323	ATD2	150	150	E

Page name	SMW ID	SMW Namespace	Diagram	X coord	Y coord	Conector
A05-course_scheduler.is_the_executor_of.T05-course_scheduling	182	324	ATD2	150	150	E

Page name	SMW ID	SMW Namespace	Diagram	X coord	Y coord	Conector
A06-course_manager	167	325	ATD2	150	150	E

Page name	SMW ID	SMW Namespace	Diagram	X coord	Y coord	Conector
A06-course_manager.is_an_initiator_of.T05-course_scheduling	184	326	ATD2	150	150	E

Page name	SMW ID	SMW Namespace	Diagram	X coord	Y coord	Conector
A06-course_manager.is_an_initiator_of.T06-course_management	185	330	ATD2	150	150	E

Page name	SMW ID	SMW Namespace	Diagram	X coord	Y coord	Conector
A06-course_manager.is_the_executor_of.T06-course_management	186	331	ATD2	150	150	E

Diagram:

[Get items]

Try: ATD1, ATD2 or OFD

Figura 47: Resultados da pesquisa para a consulta "ATD2"

A figura 47 mostra uma tabela HTML com todas as páginas wiki que estão "representadas" no diagrama ATD2. Para cada página, podemos observar o SMW ID e o SMW Namespace que são utilizados para obter as relações semânticas. Também observamos as propriedades "diagram", "x_coord", "y_coord" e "connector" que serão utilizadas para desenhar os objectos no diagrama. Além disso, as últimas três propriedades serão actualizadas quando se moverem os objectos utilizando um editor SVG.

Esta forma de associação para representar um símbolo várias vezes num diagrama levanta uma questão relacionada com a independência do tipo de facto, da instância do tipo de facto e do próprio símbolo. Assim, decidimos manter esta secção para que o utilizador possa ver a evolução do projeto. Para obter a independência referida decidimos criar um tipo de símbolo e usar instâncias de símbolo, como explicado nas secções 5.6.1 e 5.6.2 .

5.3 Imagens *Graphviz* e SVG

Um dos objectivos da utilização do *Graphviz* no nosso projeto é gerar facilmente um gráfico. Mas outra vantagem da utilização desta ferramenta é a possibilidade de criar um ficheiro SVG como saída. O SVG (Scalable Vetor Graphics) é uma família de especificações de um formato de ficheiro baseado em XML para descrever gráficos vectoriais bidimensionais. A imagem vetorial é composta por um conjunto fixo de formas. Isto significa que o escalonamento da imagem vetorial preserva as formas. Por outras palavras, podemos aumentar e diminuir a imagem SVG sem obter o efeito de pixel. Assim, devido à sua versatilidade, decidimos utilizar imagens SVG no nosso projeto. Para criar um ATD, precisávamos de formas para os papéis e transacções dos actores. Conseguimos criar três imagens SVG para representar "Papel de ator composto", "Papel de ator elementar" e "Transação". Para criar as formas, utilizámos o InkscapePortable. As Figuras 48, 49 e 50 representam estas formas.

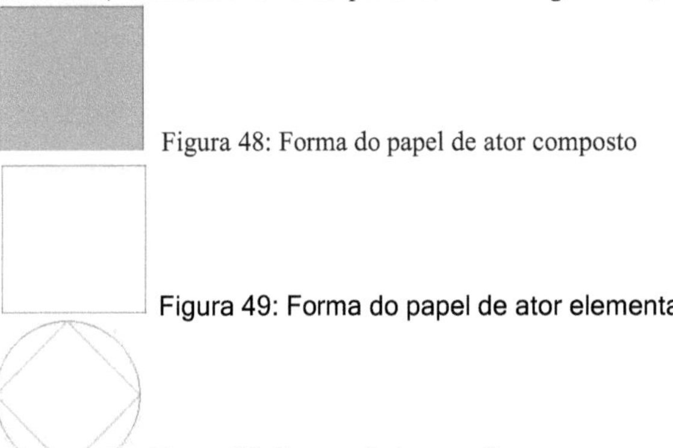

Figura 48: Forma do papel de ator composto

Figura 49: Forma do papel de ator elementar

Figura 50: Forma da transação

No nosso projeto, estas imagens são colocadas no diretório do servidor "/wiki" em "/images/dot". Também os ficheiros DOT e os ficheiros SVG são colocados dentro desse diretório. O caminho para estes ficheiros de imagem tem de ser definido tanto no ficheiro DOT como no ficheiro SVG. Mas há uma ligeira diferença entre eles. O ficheiro DOT considera o caminho físico no disco rígido. Por outro lado, o ficheiro SVG tem em conta o URL do servidor Web. Ele teve alguns problemas com os caminhos dos ficheiros. Este assunto é abordado na secção 5.6.
O SVG 1.1 é uma especificação de um formato de ficheiro baseado em XML. Por conseguinte, é um ficheiro editável com etiquetas XML editáveis. Ao editar o ficheiro SVG, conseguimos adicionar, alterar e remover alguns elementos (por exemplo, alterar um caminho físico para o URL de um servidor Web).
Uma funcionalidade útil que desejávamos para o nosso projeto são os links de imagens clicáveis. Felizmente, tanto a linguagem DOT como o SVG suportam esta funcionalidade e a geração de um ficheiro SVG a partir de um ficheiro DOT preserva os URLs. A Figura 51 mostra um diagrama ATD em que as formas "A04", "T04", "A03", "T03" e "CA03" são ligações clicáveis para as páginas wiki correspondentes.

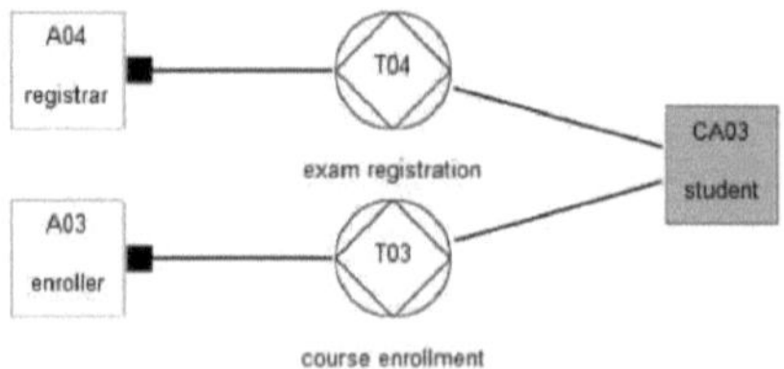

Figura 51: Diagrama ATD com ligações clicáveis

5.4 Adaptação da extensão *SemanticGraph*

A extensão *SemanticGraph* original tem sete ficheiros. A Tabela 1 mostra os nomes dos ficheiros, uma descrição das funções e indica as principais alterações feitas por nós. Para simplificar o desenvolvimento de novas funções e algoritmos, todo o código PHP relacionado com a geração de grafos como mapas *Freemind* e também como *Hypergraph* foi removido. Para uma explicação mais pormenorizada das alterações efectuadas, consulte o anexo A.3.

Nome de ficheiro	Descrição	Principais alterações
SemanticGraph2.php	Ficheiro principal referenciado pelo SMW. Utiliza a função "include_once" para chamar os outros ficheiros. Actua como um analisador, define valores para algumas variáveis e devolve uma matriz utilizada para a renderização do gráfico.	Antes de devolver a matriz para renderização do gráfico, criámos um algoritmo para analisar a matriz e adicionar/alterar/removerDOT (ou seja, remover nós/arestas duplicados, definir ficheiros de forma para papéis de ator e transacções). A matriz alterada é utilizada para a renderização do gráfico.
SemanticGraphBuilders.php	Trabalha internamente com nós, nós filhos e ligações da base de dados SMW para começar a construir o gráfico.	Algumas funções foram removidas.
SemanticGraphFiles.php	Renderiza o gráfico a partir do motor escolhido (i.e. dot, neato). Define nomes de ficheiros e caminhos de ficheiros. Retorna um iframe contendo o ficheiro SVG (isto mostra realmente o gráfico svg dentro da página wiki).	Renderiza o gráfico a partir de dot engineonly. Uses DOMDocument para ler o ficheiro svg temporário. Depois adiciona/altera/remove alguns Elementos XML (ou seja, coloca a descrição de cada transação por baixo de cada transação, altera o caminho das imagens svg) e guarda o ficheiro svg final. O ficheiro alterado é visualizado utilizando o iframe.

SemanticGraphHelperFunctions.php	Implementa funções que permitem deslocar e fazer zoom num ficheiro SVG.	Nenhum (ficheiro não utilizado).
SemanticGraphQuery.php	Abre a base de dados SWM e recupera propriedades, categorias, nós e ligações para criar as relações semânticas entre as páginas wiki.	Nenhum.
SemanticGraphRenderer.php	Implementa uma função "enter" que insere linhas no ficheiro DOT e substitui etiquetas predefinidas (ou seja, "@CHILD_ID@"), "@PAR_ID@") pelo argumentos correspondentes passados do ficheiro "SemanticGraphBuilders.php". Remove linhas duplicadas e quebra linhas longas usando o caractere de nova linha "\m>.	Função para quebrar linhas longas removida. Isto é feito mais tarde, juntamente com outras funções de cadeia de caracteres.
SemanticGraphSettings.php	Mantém as definições para a extensão (ou seja, caminho do ponto e linha de comando, dotoptions). Define o modelo de matriz para construir o ficheiro de pontos (preâmbulo, nodeExist, nodeNotExist, ligação, conclusão).	Caminho do ponto atualizado de acordo com nosso caminho de instalação do Graphviz. Algumas alterações feitas no array "dotoptions" para obter os melhores resultados de gráficos svg.

Tabela 1: Ficheiros de extensão SemanticGraph

Em resumo, para gerar um grafo, a extensão *SemanticGraph* funciona da seguinte forma:

1) Em alguma página wiki, devemos ter a definição textual considerando o recurso e as propriedades que serão utilizadas para recuperar as relações semânticas. A Figura 52 mostra um exemplo de como isso pode ser feito.

Editing Teste SemanticGraph2

```
{{#sgraph:resource=A08-exam_manager.is_the_executor_of.T08-exam_management,A08-exam_manager.is_an_initiator_of.T07-exam_sc
heduling,A07-exam_scheduler.is_the_executor_of.T07-exam_scheduling,A08-exam_manager.is_an_initiator_of.T08-exam_management
|property=initiated_transaction,initiating_actor_role,executing_actor_role,executed_transaction
|depth=2
|engine=dot
|svg=true
}}
```

Figura 52: Definição textual para recursos e propriedades

Neste exemplo, definimos quatro páginas wiki como recurso e quatro propriedades para construir as relações semânticas.

Existem também três argumentos: profundidade (o nível de profundidade para procurar relações), motor (o motor de renderização para gerar o gráfico) e svg (verdadeiro, o que significa que o resultado será um ficheiro SVG).

2) Depois de clicar no botão "Guardar", inicia-se uma pesquisa de relações semânticas.

3) É criada uma matriz com base no modelo definido e nos nós, nós filhos e ligações obtidos através da pesquisa semântica.

4) É criado um ficheiro DOT com base na matriz.

5) O ficheiro DOT é convertido em SVG utilizando *a* linha de comandos DOT do *Graphviz.*

6) O ficheiro SVG é apresentado utilizando um iframe na página wiki.

Isto gera um gráfico com as relações semânticas correctas, mas visualmente pouco atrativo porque não incorpora as formas gráficas da ATD.

Assim, antes da criação do ficheiro DOT (passo 4), a matriz deve ser organizada de modo a obter um resultado final consistente. Esta questão é abordada com mais pormenor na secção 5.4.1.

Depois de obtermos um ficheiro DOT com todas as informações correctas, podemos convertê-lo para o formato SVG.

Apesar de termos agora um gráfico mais atrativo, faltam ainda alguns elementos. Para ultrapassar este problema, utilizámos o PHP DOMDocument para ler o ficheiro SVG (temporário) que é construído utilizando especificações XML. Após algumas modificações, o SVG final é guardado e pode ser apresentado no iframe do browser. Esta questão é abordada em mais pormenor na secção 5.4.2.

5.4.1 Modificação do ficheiroDOT

Antes da criação física do ficheiro DOT, a matriz deve ser modificada para obter um resultado final mais coerente.

O ficheiro "SemanticGraph2.php" foi alterado para obter o resultado pretendido. As principais alterações efectuadas são:

- Antes de devolver a matriz para a renderização do gráfico, criámos um algoritmo para analisar a matriz.
- Em seguida, adicionar/alterar/remover elementos DOT (ou seja, remover nós/arestas duplicados, definir ficheiros de forma para papéis de ator e transacções).
- Por fim, a matriz alterada é utilizada para a representação gráfica e a criação do ficheiro DOT.

Utilizámos algumas funções PHP para processar a matriz e manipular cadeias de caracteres. A Tabela 2 resume as funções e a sua descrição.

Funções PHP	Descrição
explodir	Devolve uma matriz de cadeias de caracteres, cada uma das quais é uma substring da cadeia de caracteres formada pela divisão nos limites formados pelo delimitador de cadeias de caracteres (na linguagem DOT, o ponto e vírgula é utilizado para terminar uma linha e é o delimitador de cadeias de caracteres).

implodir	Devolve uma cadeia de caracteres que contém uma representação de cadeia de caracteres de todos os elementos da matriz na mesma ordem, com o delimitador de cadeia de caracteres entre cada elemento (faz o contrário de explode).
preg_match	Procura numa cadeia de caracteres uma correspondência com a expressão regular fornecida.
substrato	Devolve a parte da cadeia de caracteres especificada pelos parâmetros início e comprimento.
strpos	Retorna a posição numérica da última ocorrência de alguma expressão em uma string.
preg_replace	Procura numa cadeia de caracteres correspondências para a expressão regular fornecida e substitui-as por uma cadeia de substituição.
substr_replace	Substitui uma cópia da string delimitada pelos parâmetros start e length pela string dada.
strlen	Devolve o comprimento da cadeia de caracteres dada.
Itrim	Retira os espaços em branco do início de uma string.
strcmp	Compara duas cadeias de caracteres.

Tabela 2: Funções PHP utilizadas no algoritmo

O algoritmo funciona da seguinte forma:
1) Divide a matriz
2) Remove da matriz todas as linhas que contêm ".is_an_initiator_of." e "url" (apenas as linhas que contêm ambos)
3) Remove da matriz todas as linhas que contêm ".is_the_executor_of." e "url" (apenas as linhas que contêm ambos)
4) Junta todas as linhas restantes numa matriz única
5) Divide a matriz e procura todas as linhas que contenham "label="T" (significa que estamos a lidar com uma transação)
6) Para cada transação, obtém o nome da transação, adiciona uma dica de ferramenta com o

nome, elimina o nome da sua localização original e adiciona o ficheiro de forma SVG

7) Procura todas as linhas que contenham "label="A" (significa que estamos a lidar com uma função de Ator Elementar)

8) Para cada função de ator elementar, obtém o nome do ator, adiciona uma dica de ferramenta com o nome, elimina o nome da sua localização original e adiciona o ficheiro de forma SVG

9) Procura todas as linhas que contenham "label="CA" (significa que estamos a lidar com uma função de Ator composto)

10) Para cada função de ator composto, obtém o nome do ator, adiciona uma dica de ferramenta com o nome, elimina o nome da sua localização original e adiciona o ficheiro de forma SVG

11) Junta todas as linhas restantes numa matriz única

12) Divide a matriz e procura todas as linhas que contêm ".is_the_executor_of." (as linhas que ainda contêm a cadeia de caracteres são utilizadas para criar as arestas do gráfico)

13) Obtém o nome do executor e retira os espaços em branco do início da cadeia de caracteres

14) Compara o executor com a cadeia de caracteres depois e, se for a mesma cadeia de caracteres, remove a linha

15) Se forem diferentes, acrescenta ao fim da linha "[dir="back", arrowtail="box"]"

16) Procura todas as linhas que contenham ".is_an_initiator_of".

17) Obtém o nome do iniciador e retira os espaços em branco do início da cadeia de caracteres

18) Compara o iniciador com a cadeia depois e, se for a mesma cadeia, remove a linha

19) Se forem diferentes, acrescenta ao fim da linha "[dir="none"]" (significa que é uma linha reta sem início nem fim)

20) Junta todas as linhas restantes numa matriz única

21) Divide a matriz e procura todas as linhas que contenham "[label=" e acrescenta uma aspa no início da cadeia

22) Procura todas as linhas que contenham "->" e adiciona uma aspa no início e no fim da cadeia

23) Utiliza a função PHP "array_unique" para remover quaisquer linhas duplicadas que possam existir

24) Junta todas as linhas restantes numa matriz única

25) Devolve a matriz

Nesta altura, o diagrama gerado deve ter o aspeto da Figura 53.

Figura 53: Diagrama ATD após alteração do ficheiro DOT

As formas estão ausentes do diagrama devido ao problema do caminho explicado na secção 5.3 . Faltam também as etiquetas do papel de ator e da transação. A etiqueta do papel de ator deve ser colocada como uma extensão de "A07" e "A08". A etiqueta da transação deve ser colocada por baixo da forma da transação.

O próximo passo é alterar os elementos XML dentro do ficheiro SVG para resolver estes problemas.

5.4.2 Alterar XML

As formas do gráfico e a maior parte das etiquetas não aparecem quando o gráfico é apresentado. Para ultrapassar este problema, utilizámos o PHP DOMDocument para ler o ficheiro SVG, que é construído utilizando especificações XML. Neste momento, este ficheiro pode ser considerado um ficheiro temporário. Após algumas modificações, o SVG final será guardado e apresentado no iframe do browser. Antes da criação física do ficheiro SVG, algumas etiquetas XML têm de ser modificadas, acrescentando ou retirando alguns elementos e propriedades.

O ficheiro "SemanticGraphFiles.php" foi alterado para obter o resultado pretendido e o algoritmo funciona da seguinte forma:

1) Utiliza DOMDocument para carregar o ficheiro temporário e ler o seu conteúdo

2) Obtém a etiqueta "svg" e o valor do nó "height"

3) Adiciona 1OOpt ao valor da altura e actualiza o nó (isto expande a área da imagem em 1OOpt para permitir a acomodação de etiquetas de transação)

4) Obtém todas as etiquetas "image" e itera através de todas elas para obter a cadeia de caracteres

do nó "xlink:href

5) Substitui a cadeia de caracteres atual por uma nova e actualiza o nó (isto altera o caminho físico das imagens com o caminho do servidor Web)

6) Obtém todas as etiquetas "g" e itera através de todas elas para obter a cadeia de caracteres do nó "class"

7) Obtém a etiqueta "a" atual e, para essa etiqueta, a cadeia de caracteres "title"

8) Verifica se a cadeia de caracteres do nó "class" é de facto um nó

9) Verifica se a cadeia de títulos começa com "T", "A" ou "CA"

10) Se for uma transação, obtém as coordenadas x e y da etiqueta "text" atual e divide a cadeia de texto em palavras

11) Conta quantas palavras temos e, para cada palavra, cria uma nova etiqueta "text" que contém essa palavra, define "text-anchor" para o meio, o valor "x" para a coordenada x atual, calcula um novo valor "y" e define a família e o tamanho da fonte

12) Se for um papel de ator elementar ou composto, obtém as coordenadas x e y da etiqueta "text" atual, elimina a cadeia de texto, define "text-align" para centro e divide a cadeia de texto em palavras

13) Conta quantas palavras temos e, para cada palavra, cria uma nova etiqueta "tspan" (dentro da etiqueta "text" atual) contendo essa palavra, define o valor "x" para a coordenada x atual e calcula um novo valor "y

14) Guarda o ficheiro SVG final

Nesta altura, o diagrama gerado deve ter o aspeto da Figura 54.

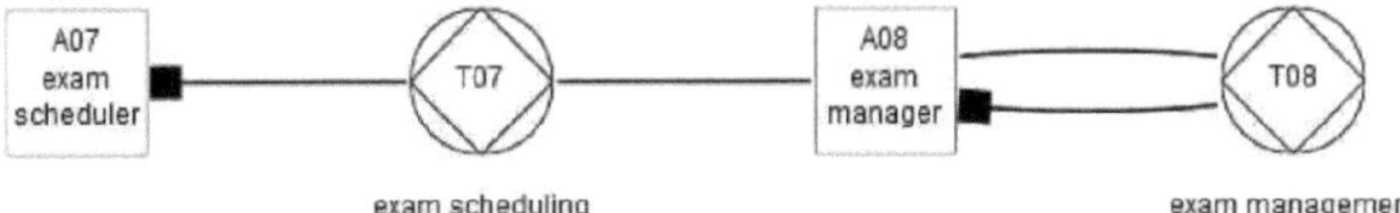

Figura 54: Diagrama ATD após alteração do XML no ficheiro SVG

Agora as formas estão no lugar e todas as etiquetas de texto estão corretamente colocadas dentro das formas (para os papéis de ator) ou por baixo das formas (para as transacções).

5.5 Geração automática de diagramas: ATD

Nesta fase do projeto, somos capazes de gerar diagramas ATD com um mínimo de intervenção do utilizador. Para gerar um gráfico, o utilizador tem de o fazer manualmente:

1) definir a página wiki que representa factos ao nível do modelo que devem ser instâncias do tipo de facto «ACTOR_ROLE», «TRANSACTION_KIND», «ACTOR_ROLE.is_the_executor_of.TRANSACTION_KIND»

e

«ACTOR_ROLE.is_an_initiator_of.TRANSACTION_KIND», todos pertencentes ao nível do meta-modelo.

2) definir uma página wiki que contenha a definição textual, considerando o recurso e as propriedades que serão utilizadas para recuperar as relações semânticas.

3) Guardar a página acima referida e aguardar que apareça o diagrama ATD.

A geração do gráfico é um processo automático em segundo plano descrito nas secções 5.4 , 5.4.1 e 5.4.2 :

1) as relações semânticas são adquiridas com base no recurso e nas propriedades definidas.

2) É criada uma matriz com base no modelo definido e nos nós, nós filhos e ligações obtidos através da pesquisa semântica.

3) A matriz deve ser organizada de modo a obter um resultado final coerente.

4) É criado um ficheiro DOT com base na matriz.

5) O ficheiro DOT é convertido em SVG utilizando *a* linha de comandos DOT do *Graphviz.*

6) O PHP DOMDocument é utilizado para ler e modificar o ficheiro SVG (temporário).

7) O ficheiro SVG final é guardado e apresentado utilizando um iframe na página wiki.

Embora o processo esteja agora bem definido, tivemos algumas dificuldades que foram resolvidas através de investigação, tentativa e erro e alguma experiência prática adquirida na vida profissional.

5.5.1 Testar a geração de diagramas utilizando a página wiki "Teste_SemanticGraph2

A melhor maneira de explicar em detalhes como um diagrama é gerado usando *o Graphviz* e a extensão *SemanticGraph* é usar como exemplo a página wiki "Teste_SemanticGraph2" (http://localhost/wiki/index.php/Teste_SemanticGraph2).

A Figura 55 mostra a página wiki "Teste_SemanticGraph2" em modo de edição. Utilizamos a palavra reservada "#sgraph" para carregar a extensão *SemanticGraph* e a propriedade "resource" para definir quais as páginas wiki que vão ser utilizadas para gerar o diagrama (temos de definir manualmente todas as páginas) e "property" para definir o ponto de ligação com outras páginas wiki. Também utilizamos a propriedade "engine=dot" para utilizar o motor DOT do *Graphviz* para processar e gerar o diagrama.

Depois de guardar a página, o SMW processa-a utilizando a extensão *SemanticGraph*. A Figura 56 mostra a página wiki "Teste_SemanticGraph2" processada.

Teste SemanticGraph2

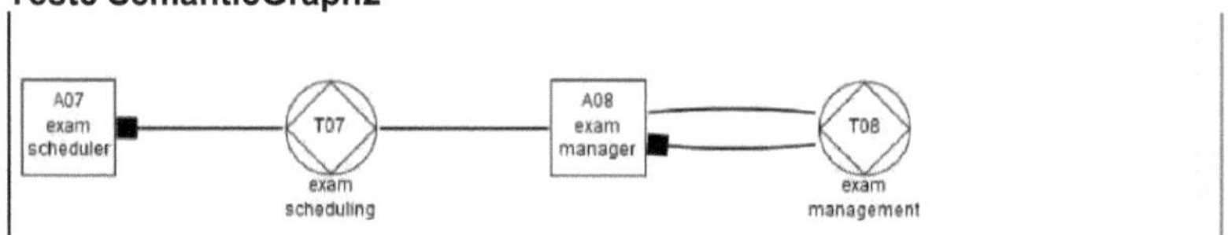

Figura 56: wiki "Teste_SemanticGraph2" processado

Editing Teste SemanticGraph2

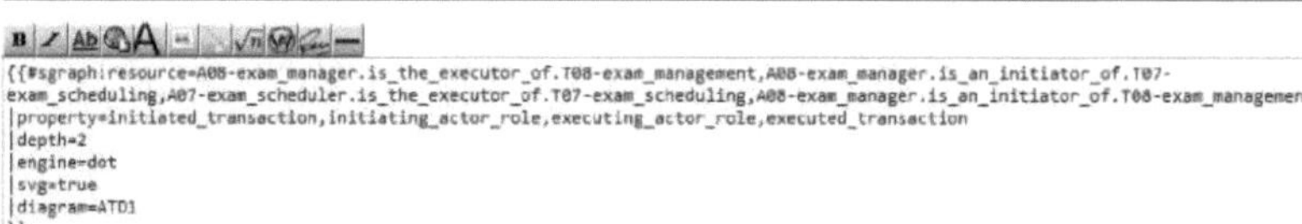

```
{{#sgraph:resource=A08-exam_manager.is_the_executor_of.T08-exam_management,A08-exam_manager.is_an_initiator_of.T07-
exam_scheduling,A07-exam_scheduler.is_the_executor_of.T07-exam_scheduling,A08-exam_manager.is_an_initiator_of.T08-exam_managemen
|property=initiated_transaction,initiating_actor_role,executing_actor_role,executed_transaction
|depth=2
|engine=dot
|svg=true
|diagram=ATD1
}}
```

Figura 55: Página wiki "Teste_SemanticGraph2" em modo de edição

No modo de edição, utilizámos a propriedade "resource" (recurso) para indicar as páginas wiki que serão utilizadas para gerar o diagrama:

- A08-exam_manager.is_an_initiator_of.T07-exam_scheduling
- A08-exam_manager. is_an_initiator_of. T08-exam_management
- A07-exam_scheduler.is_the_executor_of.T07-exam_scheduling
- A08-exam_manager. é_o_executor_de.T08-exam_management

As duas primeiras páginas são instâncias de "ACTOR_ROLE.is_an_initiator_of.TRANSACTION_KIND" e as outras duas páginas são instâncias de "ACTOR_ROLE.is_the_executor_of.TRANSACTION_KIND".

As quatro páginas são representadas no diagrama com linhas: nas duas primeiras, uma linha reta e, nas duas últimas, uma linha reta que termina num quadrado preto. Os círculos vermelhos na figura 57 mostram as linhas colocadas no diagrama.

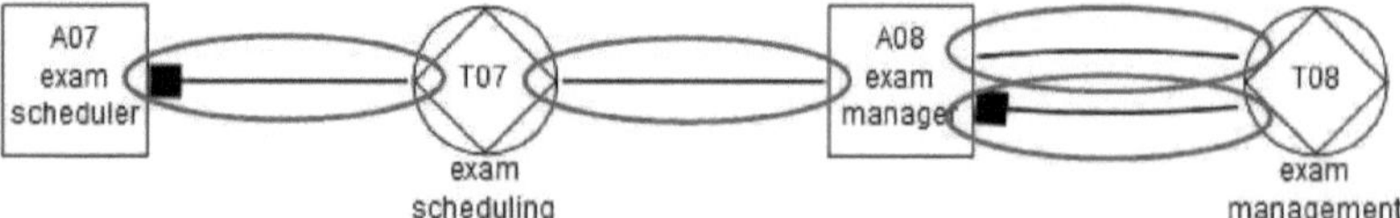

Figura 57: Diagrama "Teste_SemanticGraph2" processado

Também no modo de edição, utilizámos a propriedade "property" para definir o ponto de ligação com outras páginas wiki, para que a extensão *SemanticGraph* saiba onde obter essa informação.

Por exemplo, a página wiki "A08-exam_manager.is_an_initiator_of.T07-exam_scheduling" tem duas dessas propriedades definidas: "initiating_actor_role" e "initiated_transaction". Isto indica à extensão *SemanticGraph* que as páginas "A08-exam_manager" e "T07- exam_scheduling" vão estar ligadas. A Figura 58 mostra a definição das propriedades.

A08-exam manager.is an initiator of.T07-exam scheduling

Initiating Actor Role: A08-exam_manager
Initiated Transaction: T07-exam_scheduling
Fact type: ACTOR_ROLE.is_an_initiator_of.TRANSACTION_KIND
Represented in: ATD1

Figura 58: Definição das propriedades da página "A08-exam_manager.is_an_initiator_of.T07-exam_scheduling"

E outro exemplo, a página wiki "A07-exam_scheduler.is_the_executor_of.T07-exam_scheduling" tem duas dessas propriedades definidas: "executing_actor_role" e "executed_transaction". Isto indica à extensão *SemanticGraph* que as páginas "A07-exam_scheduler" e "T07-exam_scheduling" vão ser ligadas. A Figura 59 mostra a definição das propriedades.

A07-exam scheduler.is the executor of.T07-exam scheduling

Executing Actor Role: A07-exam_scheduler
Executed Transaction: T07-exam_scheduling
Fact type: ACTOR_ROLE.is_the_executor_of.TRANSACTION_KIND
Represented in: ATD1

Figura 59: Definição das propriedades da página "A07-exam_scheduler.is_the_executor_of.T07-exam_scheduling"

A definição destas quatro propriedades ("initiating_actor_role" e "initiated_transaction", "executing_actor_role" e "executed_transaction") é a chave para gerar o diagrama. Os círculos vermelhos na figura 60 mostram os quatro símbolos colocados no diagrama.

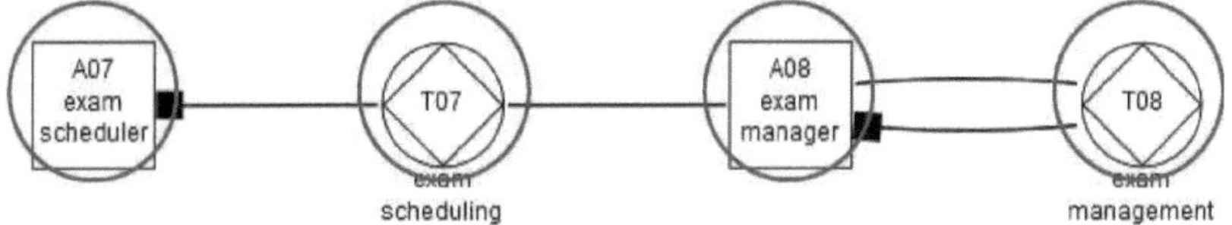

Figura 60: Símbolos do papel do ator e da transação no diagrama final

5.6 Desenvolvimento da extensão *SemanticDEMO*

Somos capazes de gerar diagramas ATD com um mínimo de intervenção do utilizador, mas estes diagramas eram confusos se fossem definidas várias páginas de recursos. Também queríamos acrescentar uma nova funcionalidade ao nosso projeto:

- Organizar e/ou deslocar símbolos num diagrama;
- criar e/ou remover ligações entre símbolos;
- atualizar automaticamente a base de dados Wiki com os novos valores semânticos.

Estas podem ser implementadas através do desenvolvimento de uma extensão SMW, a que chamaremos *SemanticDEMO*. A nova extensão tem duas pastas: "include" e "svg". A Tabela 3 resume a descrição da pasta "include". Para uma explicação mais pormenorizada das alterações efectuadas, consulte o anexo A.3.

"pasta "incluir	Descrição

Sem anticDEMO.php	Ficheiro principal referenciado pelo SMW. Utiliza a função "include_once" para chamar os outros ficheiros. Actua como um analisador, define valores para algumas variáveis e devolve um ficheiro SVG que contém o diagrama.
SemanticFunctions.php	Contém várias funções, por exemplo: verifica o tipo de símbolo.

Tabela 3: Descrição da pasta "include

A Tabela 4 resume a descrição da pasta "svg".

"pasta "svg	Descrição
Boneco.svg	Contém a estrutura básica do SVG e algumas funções Javascript.
'diagrama'.svg	O diagrama criado pela extensão.

Tabela 4: Descrição da pasta "svg

Antes de explicar os pormenores técnicos, vamos mostrar a utilização prática desta extensão. Primeiro, precisamos de criar uma página wiki utilizando a seguinte sintaxe de texto:

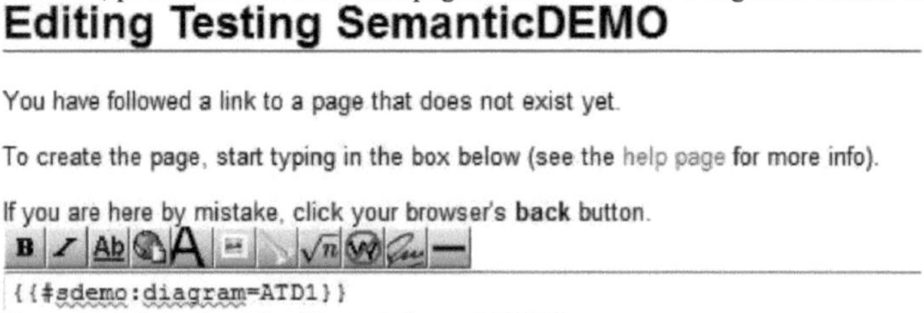

Editing Testing SemanticDEMO

You have followed a link to a page that does not exist yet.

To create the page, start typing in the box below (see the help page for more info).

If you are here by mistake, click your browser's **back** button.

```
{{#sdemo:diagram=ATD1}}
```

Figura 61: Criação da página "Teste do SemanticDEMO

A palavra reservada "#sdemo" é utilizada para chamar a nossa extensão. O valor "ATD1" é definido para a propriedade "diagram", o que significa que todas as páginas de símbolos com a propriedade "Represented in:", também definida com o valor "ATD1", vão entrar na consulta e ser colocadas no ficheiro SVG.

Testing SemanticDEMO

Diagram: ATD1
View SVG: http://localhost/wiki/extensions/SemanticDEMO/svg/ATD1.svg

Figura 62: Página "Testing SemanticDEMO" depois de processada

A Figura 62 mostra a página wiki guardada, após o processamento do algoritmo de extensão. Para visualizar o ficheiro SVG, basta seguir a ligação.

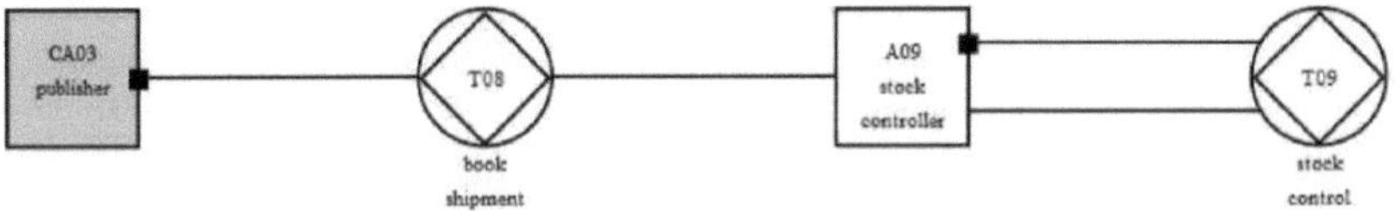

Figura 63: Ficheiro SVG que contém o diagrama

Nesta altura, o diagrama gerado deve ter o aspeto da Figura 63. Os símbolos representados no SVG são obtidos a partir de uma consulta à base de dados Wiki e organizados de acordo com as propriedades semânticas.

Para realizar esta fase, tivemos de fazer alterações em algumas páginas wiki e também criar páginas de tipos de factos e páginas de símbolos "SYMBOL". O processo é descrito nas secções 5.6.1 , 5.6.2 e 5.6.3 .

Como funciona a extensão?

Criámos um algoritmo que basicamente lê o nome do diagrama definido usando a sintaxe mostrada na figura 61, e consulta a base de dados wiki para todas as páginas que contêm a propriedade "Representado em" cujo valor é o nome do diagrama pretendido. O algoritmo abre então um ficheiro SVG fictício contendo uma estrutura básica, analisa o tipo de símbolo e começa a escrever no ficheiro SVG fictício. Após este processo, o ficheiro é guardado com o nome do diagrama pretendido. Para visualizar o ficheiro SVG gerado, siga a ligação apresentada na figura 62.

5.6.1 Criar páginas de tipo de facto "SYMBOL

Criámos quatro páginas de tipo facto-símbolo:

* ACTOR_ROLE_SYMBOL

* TRANSACTION_KIND_SYMBOL

* ACTOR_ROLE.is_an_initiator_of.TRANSACTION_KIND_SYMBOL

* ACTOR_ROLE.is_the_executor_of.TRANSACTION_KIND_SYMBOL

Ao fazê-lo, podemos agora criar instâncias destas páginas de tipo de facto. Por exemplo, "A01-admitter-symbol_01" é uma instância válida de "ACTOR_ROLE_SYMBOL". Também "CA01-aspirant_student-symbol_01" é uma instância válida de "ACTOR_ROLE_SYMBOL".

5.6.2 Criar páginas de instância de símbolo

Ao criar páginas de instâncias de símbolos, conseguimos obter total independência das instâncias de tipos de factos anteriormente definidas. Por exemplo, "A01-admitter-symbol_01" é independente de "AOl-admitter". Além disso, pertencem a tipos de factos diferentes: "A01-admitter-symbol_01" é uma instância de "ACTOR_ROLE_SYMBOL", e "AOl-admitter" é uma instância de "ELEMENTARY_ACTOR_ROLE" (e não uma instância de "ACTOR_ROLE", ver secção 5.6.3).

Cada página de instância de símbolo tem várias propriedades que nos permitem representá-la num diagrama.

A01-admitter-symbol 01

Actor Role Symbol ID: usar id interno??
Actor Role Symbol SVG definition: codigo svg
Symbol x coordinate: 215
Symbol y coordinate: 116
Symbol connector point coordinates: id interno (100, 100)
Represents: A01-admitter
Represented in: ATD1
Fact type: ACTOR_ROLE_SYMBOL

A Figura 64 mostra as propriedades que são utilizadas para representar a instância "AOl-admitter" num diagrama. Isso é feito através da propriedade "Representa". Através da propriedade "Represented in" também referenciamos em qual diagrama ela será colocada, neste caso 'ATD1'. Também temos as coordenadas 'x' e 'y' para desenhar o símbolo no diagrama. Isso é feito através das propriedades "Symbol x coordinate" e "Symbol y coordinate".

As outras propriedades estão ainda a ser utilizadas a título experimental. Ver secção 5.6.3 para uma referência completa sobre estas propriedades.

Devido ao facto de, por vezes, termos de representar um símbolo mais do que uma vez num diagrama, podemos criar 'n' páginas de instâncias de símbolos. Por exemplo, para representar a instância "AOl-admitter" duas vezes num diagrama, precisamos de criar as páginas "A01-admitter-symbol_01" e "A01-admitter-symbol_02". A principal diferença entre elas serão as coordenadas 'x' e 'y' para desenhar o símbolo numa posição diferente dentro do diagrama.

5.6.3 Utilizar propriedades nas páginas de símbolos

Durante o desenvolvimento da extensão *SemanticDEMO*, tivemos de criar os tipos de factos "ELEMENTARY_ACTOR_ROLE" e "COMPOSITE_ACTOR_ROLE". Assim, o tipo de facto "ACTOR_ROLE" tornou-se obsoleto. Mas o tipo de facto "ACTOR_ROLE_SYMBOL" continua a ser válido porque ainda suporta as instâncias de símbolo.

Estes novos tipos de factos permitem-nos conhecer o tipo de símbolo atual. Isto é importante quando A Tabela 5 descreve as propriedades presentes em cada página de instância de símbolo.

Imóveis	Descrição
ID do símbolo do papel do ator	O ID interno da página de símbolos (da base de dados wiki).
Definição SVG do símbolo do papel de ator	A definição SVG textual para desenhar o símbolo utilizando a sintaxe vetorial.
Símbolo x coordenada	A coordenada 'x' onde o símbolo será desenhado.
Símbolo da coordenada y	A coordenada "y" onde o símbolo será desenhado
Coordenadas do ponto de ligação do símbolo	O ponto de ligação com as coordenadas "x" e "y" associadas ao ID interno da página correspondente.

Representa	A instância do tipo de facto que este símbolo representa.
Representado em	O diagrama em que este símbolo está representado.
Tipo de facto	Este tipo de facto simbólico.

Tabela 5: Descrição das propriedades da página de símbolos

As propriedades explicadas na tabela 5 são válidas para instâncias de símbolo dos seguintes tipos:

- ACTOR_ROLE_SYMBOL

- TRANSACTION_KIND_SYMBOL

Existem ligeiras alterações para as instâncias de símbolo de

«ACTOR_ROLE.is_an_initiator_of.TRANSACTION_KIND_SYMBOL»

e

«ACTOR_ROLE.is_the_executor_of.TRANSACTION_KIND_SYMBOL».

A Figura 65 mostra as propriedades utilizadas para representar o símbolo num diagrama.

A09-stock controller.is an initiator of.T08-book shipment-symbol 01

Initiator Symbol ID: usar id interno??
initiator Symbol SVG specification: codigo svg
Connector point 1: connector_point_014
Connector point 2: connector_point_015
Represents: A09-stock controller.is an initiator of.T08-book shipment
Represented in: ATD3
Fact type: ACTOR_ROLE.is_an_initiator_of.TRANSACTION_KIND_SYMBOL

Figura 65:
Definição das propriedades "A09-stock_controller.is_an_initiator_of.T08-book_shipment-symbol_01"

Neste caso, como o símbolo será uma linha, serão necessárias as coordenadas 'x' e 'y' para o início e o fim da linha. Assim, utilizamos pontos de ligação: cada ponto de ligação contém as coordenadas 'x' e 'y'.

A definição do ponto de ligação pode ser efectuada como indicado na figura 66.

Connector point 014

Connector point X coordinate: 430
Connector point Y coordinate: 240
Connector point of symbol: A09-stock controller.is an initiator of.T08-book shipment-symbol 01

Figura 66: "Definição das propriedades do "Ponto_conector_14

5.6.4 Testar a geração de diagramas utilizando a página wiki "ATD3

Durante o desenvolvimento do nosso projeto, foram criadas novas páginas wiki e novas propriedades. Também alterámos o nome de algumas propriedades. A melhor forma de mostrar essas alterações e de explicar em pormenor o resultado final dos esforços do nosso projeto é utilizar como exemplo a página wiki "ATD3" (http://localhost/wiki/index.php/ATD3).

A figura 67 mostra a página wiki "ATD3" em modo de edição. Utilizamos a palavra reservada "#sdemo" para carregar a extensão *SemanticDEMO* e a propriedade "diagram" para definir o diagrama que pretendemos gerar. Isto significa que o *SemanticDEMO* vai buscar todas as instâncias de páginas de símbolos que estão associadas a este diagrama utilizando a propriedade "represent in" ("represented in::ATD3"). Também utilizamos a palavra reservada "#ask" para consultar a base de dados wiki e obter todas as páginas de símbolos que serão necessárias para a geração deste diagrama

Editing ATD3

```
{{#sdemo:diagram=ATD3}}


<br><br>Symbol pages:
{{#ask: [[represented in::ATD3]]
  | format=table
}}
```

Figura 67: Página wiki "ATD3" em modo de edição

Depois de guardar a página, o SMW processa-a utilizando a extensão *SemanticDEMO*. A figura 68 mostra a página wiki "ATD3" processada.

ATD3

Diagram: ATD3
View SVG: http://localhost/wiki/extensions/SemanticDEMO/svg/ATD3.svg

Symbol pages:

A09-stock controller-symbol 01
A09-stock controller is an initiator of T08-book shipment-symbol 01
A09-stock controller is an initiator of T09-stock control-symbol 01
A09-stock controller is the executor of T09-stock control-symbol 01
CA03-publisher-symbol 01
CA03-publisher is the executor of T08-book shipment-symbol 01
T08-book shipment-symbol 01
T09-stock control-symbol 01

Figura 68: Página wiki "ATD3" processada

O ficheiro do diagrama SVG pode ser carregado clicando na ligação ao lado de "View SVG". A Figura 69 mostra o diagrama gerado.

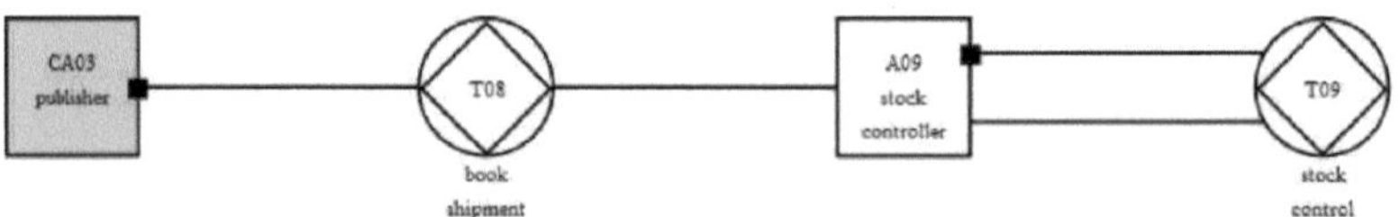

Figura 69: "Diagrama gerado pela DEMO "ATD3

De volta à página wiki "ATD3" processada, no topo da página existem algumas informações de depuração utilizadas durante os nossos testes para garantir que estávamos a obter todos os valores de propriedades necessários. A Figura 70 mostra as informações de depuração resultantes.

ELEMENTARY_ACTOR_ROLE

Symbol page title	Symbol page ID	X coord - Property SMW ID	X coord	Y coord - Property SMW ID	Y coord	Represents	which is a
A09-stock_controller-symbol_01	405	345	600	346	200	A09-stock_controller	ELEMENTARY_ACTOR_ROLE

COMPOSITE_ACTOR_ROLE

Symbol page title	Symbol page ID	X coord - Property SMW ID	X coord	Y coord - Property SMW ID	Y coord	Represents	which is a
CA03-publisher-symbol_01	404	345	100	346	200	CA03-publisher	COMPOSITE_ACTOR_ROLE

TRANSACTION_KIND

Symbol page title	Symbol page ID	X coord - Property SMW ID	X coord	Y coord - Property SMW ID	Y coord	Represents	which is a
T08-book_shipment-symbol_01	406	345	350	346	215	T08-book_shipment	TRANSACTION_KIND

TRANSACTION_KIND

Symbol page title	Symbol page ID	X coord - Property SMW ID	X coord	Y coord - Property SMW ID	Y coord	Represents	which is a
T09-stock_control-symbol_01	408	345	850	346	215	T09-stock_control	TRANSACTION_KIND

Figura 70: Informação de depuração resultante da consulta da base de dados wiki

Na parte inferior da página, utilizamos uma consulta wiki para obter todas as páginas de símbolos utilizadas para gerar o diagrama. Para gerar este diagrama, a extensão *SemanticDEMO* processou oito páginas de símbolos. Algumas destas páginas de símbolos são instâncias do mesmo tipo de facto. Por exemplo, "A09-controlador_de_estoque.é_um_iniciador_de.T08-carregamento_de_livros-símbolo 01" e "A09-controlador_de_estoque.é_um_iniciador_de.T09-controlo_de_estoque-símbolo 01" representam dois símbolos distintos, mas ambos são instâncias da página wiki "ACTOR_ROLE.is_an_initiator_of.TRANSACTION_KIND_SYMBOL".

Vamos analisar uma página de símbolo por tipo de facto. Em primeiro lugar, temos a página de símbolo "A09-stock controllersymbol 01" (http://localhost/wiki/index.php/A09-stock_controller-symbol_01). A Figura 71 mostra o modo de edição desta página, onde podemos ver as propriedades e os valores definidos.

Editing A09-stock controller-symbol 01

```
'''Actor Role Symbol ID:''' [[actor_role_symbol_id::usar id interno??]]<br>
'''Actor Role Symbol SVG specification:''' [[actor_role_symbol_svg_spec::codigo svg]]<br>
'''Symbol x coordinate:''' [[x_coordinate::600]]<br>
'''Symbol y coordinate:''' [[y_coordinate::200]]<br>
'''Symbol connector point coordinates:''' [[connector_point_coordinates::id interno;100;100]]<br>
'''Represents:''' [[represents::A09-stock controller]]<br>
'''Represented in:''' [[represented_in::AID3]]<br>
'''Fact type:''' [[is a::ACTOR_ROLE_SYMBOL]]
```

Figura 71: "Página de símbolos "A09-controlador de stocks-símbolo 01

Nesta altura, a extensão *SemanticDEMO* utiliza apenas as propriedades indicadas no quadro 6:

Imóveis	Valor	Descrição
coordenada x	600	Desenha o símbolo na coordenada x.
coordenada y	200	Desenha o símbolo na coordenada y.
representa	Controlador de stock A09	Representa o papel de ator elementar denominado "controlador de existências"; existe uma página wiki para o representar.

representado em	ATD3	Desenha o símbolo no diagrama ATD3; existe uma página wiki para o representar.
é um	SÍMBOLO_DO_PAPEL_DO_ACTOR	Este símbolo é uma instância de ACTOR_ROLE_SYMBOL

Quadro 6: Propriedades de "A09-stock controller-symbol 01

"A09-stock controller" é uma página wiki que representa um papel de ator elementar chamado "stock controller". A Figura 72 mostra as propriedades e os valores atribuídos a esta página.

A09-stock controller

Actor ID: A09
Actor Name: stock controller
Actor Description: description for A09-stock_controller
Fact type: ELEMENTARY_ACTOR_ROLE

	Represented in	X coordinate	Y coordinate
A09-stock controller-symbol 01	ATD3	600	200

Figura 72: "Página wiki "Controlador de stock A09

Definimos "A09-stock controller" como uma instância "ELEMENTARY_ACTOR_ROLE" e criámos uma consulta para obter todas as páginas de símbolos que a podem representar, porque esta função de ator pode ser utilizada em vários diagramas diferentes. Neste caso, existe apenas uma página de símbolos, que desenhará o símbolo nas coordenadas (600,200) no diagrama ATD3. O círculo vermelho na figura 73 mostra o símbolo colocado no diagrama.

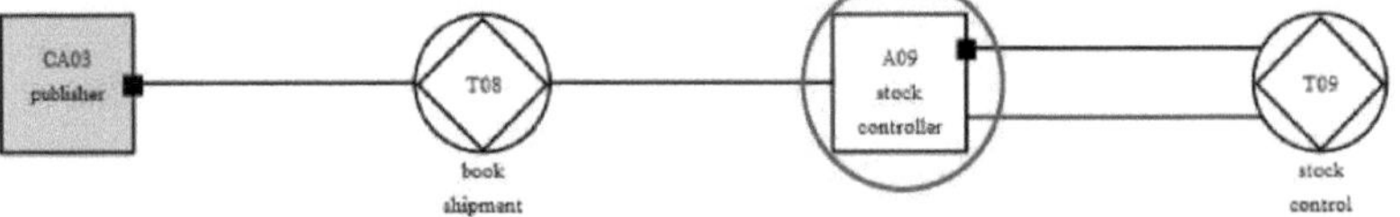

Figura 73: "Símbolo "Controlador de stock A09

De volta à página wiki "ATD3" processada, temos também a página de símbolos "A09-controlador de stocks.é um iniciador de.T08-book shipment-symbol 01 (http://localhost/wiki/index.php/A09-stock_controller.is_an_initiator_of.T08- book_shipment-symbol_01). A Figura 74 mostra o modo de edição desta página, onde podemos ver as propriedades e os valores definidos.

Editing A09-stock controller.is an initiator of.T08-book shipment-symbol 01

```
'''Initiator Symbol ID:''' [[initiator_symbol_id::usar id interno??]]<br>
'''initiator Symbol SVG specification:''' [[initiator_symbol_svg_spec::codigo svg]]<br>
'''Connector point 1:''' [[connector_point_1::connector_point_014]]<br>
'''Connector point 2:''' [[connector_point_2::connector_point_015]]<br>
'''Represents:''' [[represents::A09-stock controller.is an initiator of.T08-book shipment]]<br>
'''Represented in:''' [[represented_in::ATD3]]<br>
'''Fact type:''' [[is a::ACTOR_ROLE.is_an_initiator_of.TRANSACTION_KIND_SYMBOL]]
```

A extensão *SemanticDEMO* utiliza apenas as propriedades indicadas no quadro 7:Propriedade	Valor	Descrição
ponto_conector_1	ponto_conector_014	Ligações para a página wiki que contém as coordenadas x e y definidas para o ponto 1.
ponto_conector_2	ponto_conector_015	Ligações para a página wiki que contém as coordenadas x e y definidas para o ponto 2.
representa	A09 - controlador de estoque.é.um.iniciador.de.T08 - transferência de livros	Representa o papel de ator elementar denominado "controlador de stocks" como iniciador da transação denominada "expedição de livros"; existe uma página wiki para o representar.
representado em	ATD3	Desenha o símbolo no diagrama ATD3; existe uma página wiki para o representar.
é um	ACTOR_ROLE.is_an_initiator of.TRANSACTION_KIND_SYMBOL	Este símbolo é uma instância de ACTOR_ROLE.is_an_initiator_of,TRANSACTION_KIND_SYMBOL

Quadro 7: Propriedades de "A09-controlador de existências.é um iniciador de T08-book shipment-symbol 01

Esta página de símbolos desenha uma linha. Assim, "ponto_conector_014" e "ponto_conector_015" são páginas wiki que representam as coordenadas x e y do início e do fim dessa linha. As figuras 75 e 76 mostram as propriedades e os valores atribuídos a essas páginas.

Connector point 014

Connector point X coordinate: 430
Connector point Y coordinate: 240
Connector point of symbol: A09-stock controller.is an initiator of.T08-book shipment-symbol 01

Figura 75: "Página wiki "ponto_conector_014

Connector point 015

Connector point X coordinate: 600
Connector point Y coordinate: 240
Connector point of symbol: A09-stock controller.is an initiator of.T08-book shipment-symbol 01

Figura 76: "Página wiki "ponto_conector_015

Neste caso, o conetor começa nas coordenadas (430, 240) e termina nas coordenadas (600,240). O círculo vermelho na figura 77 mostra o símbolo colocado no diagrama.

Figura 77: Símbolo "A09-controlador de existências.é.um.iniciador.de.T08-book shipment

"Um controlador de stock A09 é um iniciador de um envio de livros T08" é uma página wiki que representa uma instância   de
"ACTOR_ROLE.is_an_initiator_of.TRANSACTION_KIND". A Figura 78 mostra as propriedades e os valores atribuídos a esta página.

A09-stock controller.is an initiator of.T08-book shipment

Initiating Actor Role: A09-stock_controller
Initiated Transaction: T08-book_shipment
Fact type: ACTOR_ROLE.is_an_initiator_of.TRANSACTION_KIND

	Represented in	Connector point 1	Connector point 2
A09-stock controller.is an initiator of.T08-book shipment-symbol 01	ATD3	Connector point 014	Connector point 015

Figura 78: "Página wiki "A09-controlador de stocks é um iniciador de T08-transporte de livros

Existe uma consulta para obter todas as páginas de símbolos que o podem representar, porque este símbolo pode ser utilizado em vários diagramas diferentes. Neste caso, existe apenas uma página de símbolos, que tem dois pontos de ligação ("ponto_de_ligação_014", "ponto_de_ligação_015") no diagrama ATD3.

"A09-controlador de stocks.é um iniciador de T09-controlo de stocks-símbolo 01" é também uma página de símbolos representada por uma linha com dois pontos de ligação. O círculo vermelho na figura 79 mostra o símbolo colocado no diagrama.

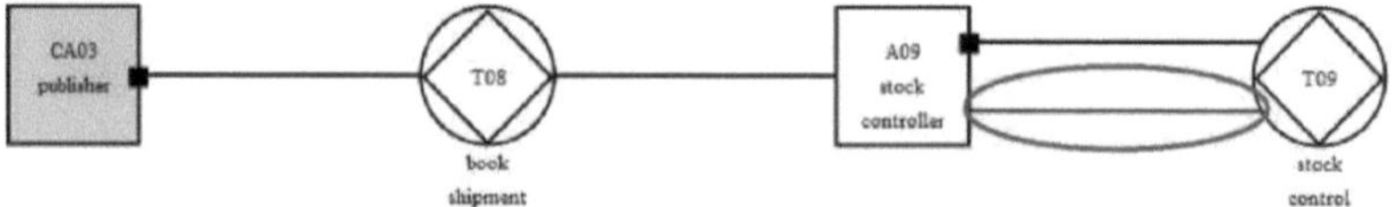

Figura 79: Símbolo "O controlador de existências A09 é um iniciador do controlo de existências T09".

"A09-controlador_de_estoques.é_executor_de.T09-controlo_de_estoques-símbolo 01" é também uma página de símbolos representada por uma linha com dois pontos de ligação. Mas este símbolo é uma instância de "ACTOR_ROLE.is_the_executor_of.TRANSACTION_KIND_SYMBOL". A representação deste símbolo é feita através da adição de um quadrado preto numa das extremidades da linha. O círculo vermelho na figura 80 mostra o símbolo colocado no diagrama.

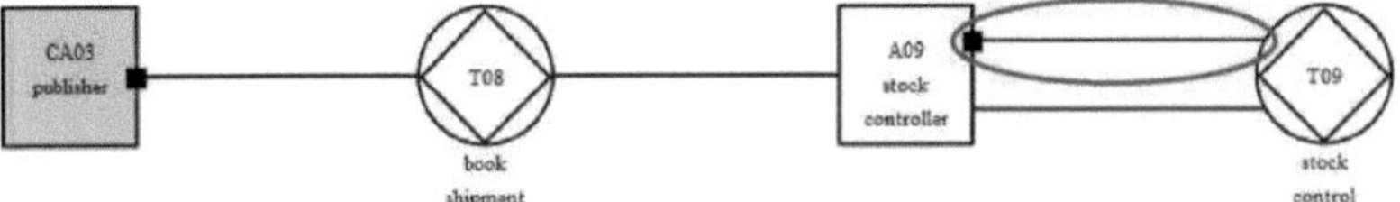

Figura 80: Símbolo "O controlador de existências A09 é o executor do controlo de existências T09".

"CA03-editor.é_executor_de.T08-remessa_de_livros-símbolo 01" é uma página de símbolo   que é também uma instância de "ACTOR_ROLE.is_the_executor_of.TRANSACTION_KIND_SYMBOL". O círculo vermelho na figura 81 mostra o símbolo colocado no diagrama.

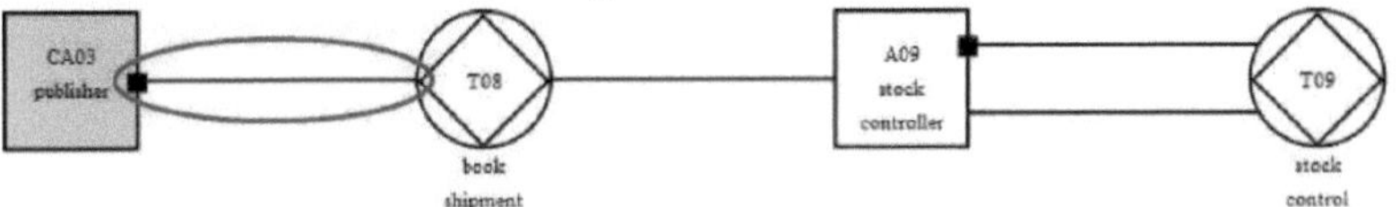

Figura 81: Símbolo "CA03-editor.é.o.executante.de.T08-transporte.de.livros"

Ou estamos a lidar com instâncias de
"ACTOR_ROLE.is_an_initiator_of.TRANSACTION_KIND_SYMBOL "   ou
"ACTOR_ROLE.is_the_executor_of.TRANSACTION_KIND_SYMBOL "os símbolos
são sempre desenhados com base em pontos de ligação, cada um com duas coordenadas x e y.
                Como padrão   ,   em
instâncias "ACTOR_ROLE.is_the_executor_of.TRANSACTION_KIND_SYMBOL", o quadrado preto é colocado sobre o "connector_point_2" (o ponto final da linha).

A página de símbolos "CA03-publisher-symbol 01" representa uma função de ator composto denominada "editor". A Figura 82 mostra o modo de edição desta página, onde podemos ver as propriedades e os valores definidos
"CA03-publisher-symbol 01", "T08-book shipment-symbol 01" e "T09-stock control-symbol 01" são semelhantes à página de símbolo "A09-stock controller-symbol 01".

Editing CA03-publisher-symbol 01

```
'''Actor Role Symbol ID:''' [[actor_role_symbol_id::usar id interno??]]<br>
'''Actor Role Symbol SVG specification:''' [[actor_role_symbol_svg_spec::codigo svg]]<br>
'''Symbol x coordinate:''' [[x_coordinate::100]]<br>
'''Symbol y coordinate:''' [[y_coordinate::200]]<br>
'''Symbol connector point coordinates:''' [[connector_point_coordinates::id interno;100;100]]<br>
'''Represents:''' [[represents::CA03-publisher]]<br>
'''Represented in:''' [[represented_in::ATD3]]<br>
'''Fact type:''' [[is a::ACTOR_ROLE_SYMBOL]]
```

Figura 82: Página do símbolo "CA03-publisher-symbol 01

A extensão *SemanticDEMO* utiliza apenas as propriedades indicadas no quadro 8:

Imóveis	Valor	Descrição
coordenada x	100	Desenha o símbolo na coordenada x.
coordenada y	200	Desenha o símbolo na coordenada y.
representa	CA03-editor	Representa o papel de ator composto chamado "editor"; existe uma página wiki para o representar.
representado em	ATD3	Desenha o símbolo no diagrama ATD3; existe uma página wiki para o representar.
é um	SÍMBOLO_DO_PAPEL_DO_AC TOR	Este símbolo é uma instância de ACTOR_ROLE_SYMBOL

Quadro 8: Propriedades de "CA03-publisher-symbol 01

O círculo vermelho na figura 83 mostra o símbolo colocado no diagrama.

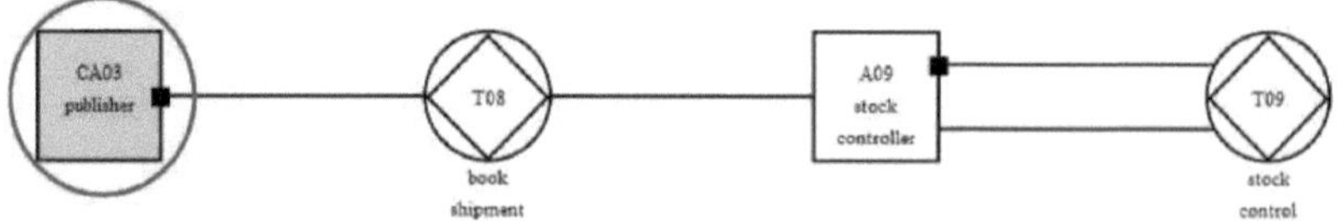

Figura 83: Símbolo "CA03-pul)lisher

As páginas de símbolos "T08-book shipment-symbol 01" e "T09-stock control-symbol 01" representam dois símbolos distintos, mas ambos são instâncias da página wiki "TRANSACTION_KIND_SYMBOL".

Assim, vamos analisar uma página de símbolo, por exemplo, "T08-book shipment-symbol 01". A

Figura 84 mostra o modo de edição desta página, onde podemos ver as propriedades e os valores definidos.

Editing T08-book shipment-symbol 01

```
'''Transaction Kind Symbol ID:''' [[transaction_kind_symbol_id::usar id interno??]]<br>
'''Transaction Kind Symbol SVG specification:''' [[transaction_kind_symbol_svg_spec::codigo svg]]<br>
'''Symbol x coordinate:''' [[x_coordinate::350]]<br>
'''Symbol y coordinate:''' [[y_coordinate::215]]<br>
'''Symbol connector point coordinates:''' [[connector_point_coordinates::id interno;100;100]]<br>
'''Represents:''' [[represents::T08-book shipment]]<br>
'''Represented in:''' [[represented_in::ATD3]]<br>
'''Fact type:''' [[is a::TRANSACTION_KIND_SYMBOL]]
```

Figura 84: Página do símbolo "T08-book shipment-symbol 01"

Nesta altura, a extensão *SemanticDEMO* utiliza apenas as propriedades indicadas no quadro 9:

Imóveis	Valor	Descrição
coordenada x	350	Desenha o símbolo na coordenada x.
coordenada y	215	Desenha o símbolo na coordenada y.
representa	T08 - expedição de livros	Representa a transação designada "book shipment"; existe uma página wiki para a representar.
representado em	ATD3	Desenha o símbolo no diagrama ATD3; existe uma página wiki para o representar.
é um	TIPO_DE_TRANSACÇÃO MBOL	Este símbolo é uma instância de TRANSACTION_KIND_SYMB OL

Quadro 9: Propriedades de "T08-book shipment-symbol 01

"T08-book shipment" é uma página wiki que representa uma transação denominada "book shipment". A Figura 85 mostra as propriedades e os valores atribuídos a esta página.

T08-book shipment

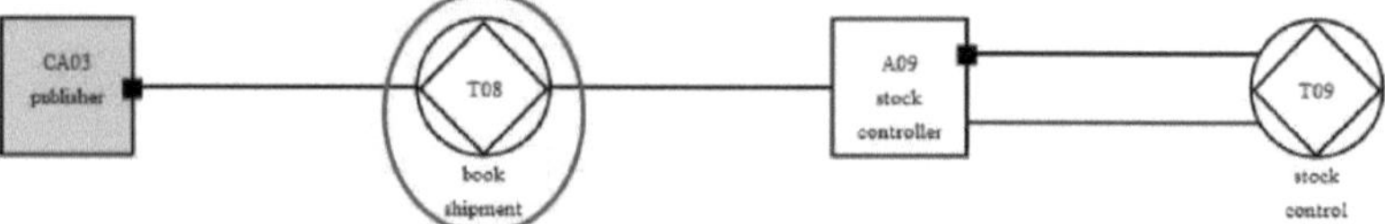

Transaction ID: T08
Transaction Name: book shipment
Transaction Description: description for T08-book shipment
Fact type: TRANSACTION_KIND

		Represented in	X coordinate	Y coordinate
T08-book shipment-symbol 01	ATD3		350	215

Figura 85: "Página wiki "T08-book shipment

Definimos "T08-book shipment" como uma instância "TRANSACTION_KIND" e criámos uma consulta para obter todas as páginas de símbolos que a podem representar, porque esta transação pode ser utilizada em vários diagramas diferentes. Neste caso, existe apenas uma página de símbolos, que desenhará o símbolo nas coordenadas (350, 215) no diagrama ATD3. O círculo vermelho na figura 86 mostra o símbolo colocado no diagrama.

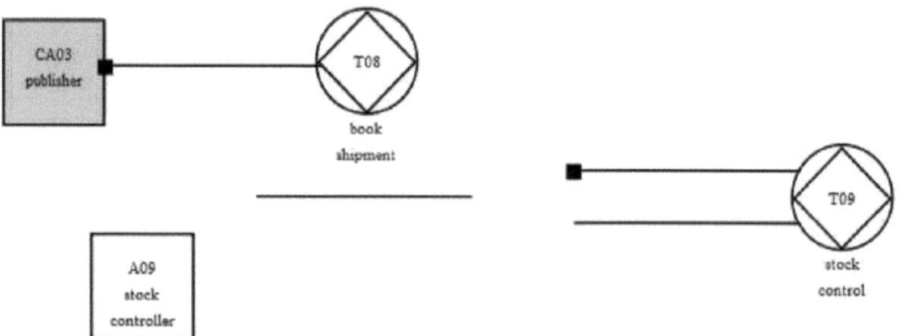

Figura 86: Símbolo "T08-book shipment

O diagrama gerado é construído utilizando um ficheiro svg fictício. Incorporámos algumas funções que permitem mover os objectos do diagrama. Esta é uma fase experimental: podemos arrastar e largar os objectos, mas as suas coordenadas não são actualizadas e a orientação das linhas não pode ser alterada. Estas funcionalidades deverão ser implementadas num trabalho futuro.

Figura 87: Mover objectos do diagrama

5.7 Problemas encontrados

O nosso primeiro problema surgiu quando decidimos instalar a última versão do XAMPP. O problema não estava relacionado com o pacote em si, mas sim com as versões do PHP e do MySQL que vinham com a versão 1.7.4 do XAMPP.

O PHP 5.3.5 e o MySQL 5.5.8 não são suportados pelas versões mais recentes *do MediaWiki* e do *Semantic MediaWiki*. Por isso, decidimos usar o XAMPP 1.7.1 que vem com PHP 5.2.9 e MySQL 5.1.33.

Mas isto traz outro problema: as versões mais recentes do *MediaWiki* e do *Semantic MediaWiki* não são totalmente compatíveis com o PHP 5.2.9 e o MySQL 5.1.33. Por isso, decidimos usar *versões* anteriores: *MediaWiki* 1.15.3 e *SemanticMediaWiki* 1.5.1.

Mesmo utilizando as versões mais recentes do MW e do SMW, continuámos a ter problemas de compatibilidade com a extensão *Halo*. A melhor maneira de instalar *o Halo* é usar a mesma versão do SMW. Assim, instalámos a versão 1.5.1 do *Halo*. Além disso, uma grande percentagem das extensões MW e SMW foram desenvolvidas para versões estáveis do MW e do SWM.

Assim, encontrámos um compromisso entre estabilidade e compatibilidade de versões estritamente necessário para ultrapassar os desafios do nosso projeto.

O nosso segundo problema estava relacionado com o caminho das formas da imagem quando estávamos a gerar um ficheiro SVG com base num ficheiro DOT. Todas as etiquetas XML <image xlink:href" estavam ausentes do ficheiro SVG após a execução da linha de comandos DOT no código PHP. Nos ficheiros DOT podemos definir formas de imagem utilizando um parâmetro "shape" onde temos de declarar o caminho de cada imagem. O problema é que não estávamos a declarar o caminho completo da imagem. Isto era estranho porque, se escrevêssemos apenas o nome do ficheiro de imagem e executássemos manualmente a linha de comandos DOT, tudo corria bem. Depois de alguns testes, conseguimos perceber o problema e começámos a definir os caminhos completos.

Isto leva-nos ao nosso terceiro problema: o caminho era um caminho físico (por exemplo, "C:\xampp\htdocs\wiki\images\dot\someimage.svg") e quando se apresenta um ficheiro SVG utilizando um navegador Web e especialmente através do servidor Web Apache não funciona. Conseguimos ultrapassar este problema modificando o caminho para o formato URL (por exemplo, "http://localhost/wiki/images/dot/someimage.svg").

Finalmente, os ficheiros SVG não estavam a ser apresentados corretamente. Se utilizássemos formas de imagem PNG, todos os browsers apresentavam o gráfico, mas se utilizássemos formas de imagem SVG, o Firefox apresentava formas em branco. A razão para utilizar gráficos vectoriais escaláveis era poder escalar a imagem vetorial e, ao mesmo tempo, preservar as formas. Decidimos experimentar outros browsers para além do Firefox. O Opera e o Google Chrome conseguiram apresentar corretamente um ficheiro SVG onde podemos aumentar e diminuir o zoom sem perder a resolução da imagem. Mas agora a extensão *Halo não* funciona. O site oficial do *Halo* diz que podem ocorrer algumas incompatibilidades quando se utilizam outros browsers em vez do Firefox. Assim, este continua a ser um problema no nosso projeto, e para já a solução é usar o Firefox para trabalhar com o Halo e usar o Opera ou o Chrome para visualizar ficheiros SVG.

Dando continuidade ao nosso projeto de desenvolvimento da extensão *SemanticDEMO*, decidimos utilizar apenas o Firefox, por ter apresentado os melhores resultados. Esta extensão precisa de abrir um ficheiro SVG fictício, escrever nele e depois guardar o ficheiro com um novo nome. Devido ao facto de já termos utilizado o DOM para o fazer quando modificámos a extensão *SemanticGraph*, o procedimento foi muito mais fácil desta vez.

Capítulo 6

6 Trabalho futuro

Ainda há algumas coisas que podem ser feitas para melhorar o *Semantic MediaWiki* para modelar organizações.

6.1 Relacionado com o *Semantic MediaWiki*

Quando criamos uma página de símbolos, contendo a informação semântica sobre um determinado símbolo, a base de dados wiki não é actualizada corretamente. Se gerarmos um diagrama que deveria conter esse símbolo, ele não desenhará o símbolo até que editemos a página que representa o artefacto organizacional correspondente e a guardemos. A atualização automática da base de dados deve ser uma melhoria futura no nosso projeto.

Outra funcionalidade útil deve ser a renomeação automática de uma cadeia de caracteres. Por exemplo, se o título de uma página for alterado, todas as referências semânticas a essa página devem ser actualizadas automaticamente na base de dados. Isto é muito importante porque não queremos atualizar manualmente 20 ou 30 cadeias de caracteres.

6.2 Relacionado com a extensão *SemanticDEMO*

Neste ponto, a nossa extensão gera um diagrama legível e permite ao utilizador mover os símbolos. Mas e se quisermos guardar a nova posição dos símbolos ou criar dinamicamente novas ligações entre símbolos? Uma melhoria futura será a criação de um editor WYSIWYG que permita guardar novas coordenadas de símbolos e criar/remover/renomear símbolos e ligações.

6.3 Relacionado com modelos

O nosso projeto foi desenvolvido com base em diagramas ATD. Assim, a nossa extensão apenas gera diagramas ATD. Permitir outros tipos de diagramas e criar uma independência do modelo lógico deverá ser uma melhoria futura do nosso projeto.

Conclusão

Este capítulo final destina-se a resumir e a recordar as conclusões importantes do nosso projeto. Passamos em revista o contexto do projeto, os problemas encontrados, as aplicações utilizadas, os trabalhos relacionados, as soluções encontradas e tiramos as conclusões correspondentes.

A nossa primeira conclusão é que a Web semântica é extremamente importante para criar relações entre entidades que formam uma Web semântica. Tirámos partido da tecnologia da Web semântica para modelar organizações e utilizámos o *MediaWiki* combinado com a extensão *Semantic MediaWiki*. Assim, foi possível criar páginas wiki contendo propriedades semânticas, capazes de armazenar a informação factual sobre uma organização. Isto permitiu-nos obter uma pesquisa de informação mais precisa e uma melhor navegação pelos dados.

A nossa segunda conclusão é que a utilização de ferramentas existentes, como o *Graphviz* e a extensão *SemanticGraph*, não é a melhor solução para representar os diagramas *DEMO*. Estendemos o SMW com uma extensão *SemanticGraph* modificada e, embora o resultado lógico fosse satisfatório (as relações entre as entidades estavam bem definidas), o resultado do design não era satisfatório (os diagramas tornam-se bastante confusos e complexos quando se utilizam muitas páginas de recursos). Por isso, procurámos ferramentas semelhantes ao que pretendíamos e encontrámos o *Open-Modeling*.

A nossa terceira conclusão é que, após a análise efectuada ao *Open-Modeling,* não existe forma de integrar o SWM e esta ferramenta. *O Open-Modeling* corre sobre o Tomcat e está escrito em Java, e apesar de termos tentado reutilizar algum código, tal revelou-se uma tarefa impossível.

Devido às limitações encontradas durante o nosso projeto, decidimos criar a nossa própria extensão SMW para gerar diagramas *DEMO*. Esta extensão foi baseada na extensão *SemanticGraph*, e chamámos-lhe *SemanticDEMO*. Basicamente, a nossa extensão procura todas as páginas wiki que contêm o diagrama definido, utilizando a propriedade "diagram". As relações semânticas são obtidas através da propriedade "Represented in". Assim, a extensão *SemanticDEMO* obtém todas as páginas wiki que estão "representadas em" um determinado diagrama e processa o seu conteúdo para gerar automaticamente um ficheiro SVG que contém o diagrama.

Podemos concluir que, utilizando o SMW e a nossa extensão *SemanticDEMO*, oferecemos uma forma segura e fiável de armazenar e gerir as relações semânticas e as suas propriedades, e oferecemos também uma visualização gráfica muito mais agradável e compreensível.

A nossa conclusão final é que a nossa solução de projeto representa um grande passo no apoio à metodologia *DEMO* porque agora a realidade organizacional pode ser traduzida em símbolos gráficos que são elementos críticos nos diagramas, conseguindo uma melhor compreensão do conhecimento organizacional.

Bibliografia

[1]   J.Dietz, *EnterpriseOntology:TheoryandMethodology,* Alemanha: SpringerVerlag Berlin Heidelberg, 2006.

[2]   "Enterprise Engineering Institute," *DEMO: Enterprise & Engineering Methodologyfor Organizations,* Jan. 2011.

[3]   D. Aveiro, "G.O.D. (Generation, Operationalization & Discontinuation) and Control (sub)organizations: a DEMO-based approach for continuous real-time management of organizational change caused by exceptions," Instituto Superior Técnico, 2010.

[4]   A. Ferreira, "Modelação Organizacional com uma Wiki Semântica: Formalização de conteúdos e geração automática de diagramas", Universidade da Madeira, 2008.

[5]   "MediaWiki."

[6]   "Semantic MediaWiki."

[7]   Semanticweb.org, "Halo Extension".

[8]   "Extensão do gráfico semântico".

[9]   "Extensão de formulários semânticos".

[10]   "Graphviz - Software de visualização de gráficos".

[11]   "Graphviz".

[12]   E. Gansner, E. Koutsofios, e S. North, "Drawing graphs with dot," Dez. 2009.

[13]   "VectorGraphics escalável".

[14]   W3C, "Scalable Vetor Graphics (SVG) 1.1 (Segunda Edição)," *W3C Working Draft 22 .lune 2010.*

[15]   "Modelação aberta".

[16]   "Inferir categorias e propriedades".

[17]   "Propriedades e tipos".

[18]   "Norma técnica".

[19]   "Consultas em linha".

[20]   "Registo de tipo (propriedades n-árias)."

A.1- Manual de instalação

O sistema operativo utilizado para esta instalação foi o Windows Vista, mas os passos de instalação devem ser os mesmos para o Windows XP e o Windows 7. Para tirar partido das funcionalidades semânticas e visualizar corretamente os diagramas em formato SVG, o programa de navegação recomendado é o Opera (o Firefox também funciona, mas não mostra corretamente os ficheiros SVG). Todos os ficheiros estão incluídos no CD do projeto.

Passos de instalação

1. Instalar "xampp-win32-1.7.1-installer.exe" como Administrador
   a) O diretório de instalação deve ser "c:\", e os arquivos serão automaticamente colocados dentro da pasta "c:\xampp\"
2. Abra o seu browser e execute o phpMyAdmin
   a) Criar o utilizador "wikiuser", palavra-passe "12345" com todas as permissões
3. Extrair os ficheiros " mediawiki-1.15.3.tar.gz" para a pasta "htdocs" no servidor xampp
4. Mudar o nome da pasta extraída para "wiki"
5. Alterar a propriedade "Só de leitura" para permitir a escrita na pasta "wiki" (fazer o mesmo para a pasta "config")
6. Procurar "http://localhost/wiki" para iniciar o processo de instalação
7. O formulário deve ser preenchido com as seguintes informações:
   a) Nome da wiki: EOMediaWiki
   b) Nome do administrador: WikiSysop
   c) Palavra-passe: 12345
   d) Nome da base de dados: wikidb
   e) Nome de utilizador da base de dados: wikiuser
   f) Palavra-passe da BD: 12345
   g) Prefixo da tabela da base de dados: eomw_
   h) Motor de armazenamento: InnoDB
8. Após a conclusão do processo de instalação, copie "LocalSettings.php" da pasta "config" para a raiz da pasta "wiki"
9. Mudar o nome da pasta "config" (ou seja, "old_config")
10. Extrair os ficheiros "smw-1.5.1_1.zip" para a pasta "extensões" do wiki
11. Navegar em "http://localhost/wiki" e iniciar sessão como Administrador:
    a) Nome de utilizador: WikiSysop
    b) Palavra-passe: 12345
12. Procurar em "http://localhost/wiki/index.php/Special:SMWAdmin"
13. Clique no botão "Inicializar ou atualizar tabelas
14. Clique no botão "Iniciar atualização de dados
15. Navegar em "http://localhost/wiki/index.php/Special:SMWAdmin" e aguardar para a conclusão do processo de instalação (atualizar a página)
16. Procurar em "http://localhost/wiki/index.php/Special:Version" e verificar se foi corretamente instalado
17. Extrair os ficheiros "scriptmanager-1.0.0_0.zip" para a pasta "extensões" do wiki
18. Extrair o ficheiro "SemanticGraph-byJorgeCapela.zip" para a pasta "extensions" da wiki
19. Extrair o ficheiro "SemanticDEMO-byJorgeCapela.zip" para a pasta "extensions" da wiki
20. Extrair o ficheiro "semantic_forms_2.0.9.zip" para a pasta "extensions" do wiki
21. Extrair os ficheiros de extensão SMWHalo de "smwhalo-1.5.1_1.zip" para a pasta "extensions" da wiki

22.   Extract the SMWHalo skin files from «smwhalo-1.5.1_1.zip» to wiki «skins» folder

23.   Add the following lines at the end of «LocalSettings.php» file (in the exact same order)

```
$phpInterpreter="">C:\xampp\php\php.exe";

require_once("extensions/ScriptManager/SM_Initialize.php");

## Semantic MediaWiki
include_once("$IP/extensions/SemanticMediaWiki/SemanticMediaWiki.php");
enableSemantics('localhost:80');

include_once('extensions/SMWHalo/includes/SNW_Initialize.php');
enableSMWHalo(/*param-start-enableSMWHalo*/'SMWHaloStore2', NULL, NULL/*param-end-enableSMWHalo*/);

$wgDefaultSkin = 'ontoskin2'; // Set ontoskin2 as default for the entire wiki
$wgUseAjax = true; //MUST
$smwgServer="localhost:80";
$smwhgEnableLogging = false; // No logging
$smwgDeployVersion = true; // Deploy version is faster
$smwgAllowNewHelpQuestions = true;

## SemanticForms Extension
include_once("$IP/extensions/SemanticForms/SemanticForms.php");

## SemanticGraph Extension
require_once("$IP/extensions/SemanticGraph/includes/SemanticGraph2.php");

## SemanticDEMO Extension
require_once("$IP/extensions/SemanticDEMO/includes/SemanticDEMO.php");

## Runphp extension
require_once("$IP/extensions/runphp_page.php");
```

Figura 88: Ficheiro "LocalSettings.php

24.   Abra uma interface de linha de comandos e altere o diretório para "C:\xampp\htdocs\wiki\extensions\SemanticMediaWiki\maintenance\"

25.   Execute o script "SMW_setup.php" para inicializar as tabelas da base de dados: "C:\xampp\htdocs\wiki\extensions\SemanticMediaWiki\maintenance>C:\xampp\php\php.exe SMW_setup.php"

26.   Extrair o ficheiro "smwhalo-deploy-1.2.1_1.zip" para a pasta raiz do wiki

27.   Adicione o GNU-Patch à variável de ambiente:
   a) Clique com o botão direito do rato em O meu computador > Propriedades
   b) Clique no separador Avançadas
   c) Clique em Variáveis de ambiente
   d) Na secção Variável de sistema, seleccione a variável Caminho
   e) Clique em Editar
   f) Adicione um ponto e vírgula após o último valor e, em seguida, insira o caminho do GNU-Path: "c:\xampp\htdocs\wiki\deployment\tools"
   g) Clique em OK e feche a janela

28. Mudar para a interface de linha de comandos e navegar para o diretório principal doPHP: "C:\xampp\php"

29.   Agora, inicie o processo de aplicação de patches com o seguinte comando (tudo no samecommand-line   ):   "C:\xampp\php\php.exe C:\xampp\htdocs\wiki\deployment\tools\patch.php   -d   C:\xampp\htdocs\wiki   -p C:\xampp\htdocs\wiki\extensions\SMWHalo\patch.txt"

30. Após a conclusão do processo de correção, active a funcionalidade Autocompletar:
   a) Procurar em "http://localhost/wiki"
   b) Se não tiver sessão iniciada, inicie sessão como WikiSysop
   c) Ir para as preferências

d) No separador Skins, escolha "ontoskin2" (esta opção deve aparecer selecionada, tal como foi definida no ficheiro "LocalSettings.php")

e) No separador Diversos, seleccione "Auto-triggered auto-completion"

f) Guardar alterações

Testar a instalação

1. Navegue em "http://localhost/wiki/index.php/Special:Version" e deverá ver a extensão SMW+ (versão nn) listada como um Parser Hook

2. Agora, navegue em ""http://localhost/wiki" e:

a) Crie uma página wiki normal com o nome "TestSMW" e introduza nela o texto wiki:
   Teste de propriedade: [[testproperty::Dummypage]] [[Category:Test]]

b) Criar a página "Categoria:Teste" e inserir algum texto fictício

3. Procurar em "http://localhost/wiki/index.php/Special:OntologyBrowser"

a) Assim que a interface for carregada, deverá ver "Teste" na árvore de categorias

b) Ao clicar nele, deverá ver "TestSMW" na vista da instância

c) Se continuar a clicar nela, deve aparecer "testproperty Dummypage" na vista de propriedades

A.2 - Ficheiros de projeto

O disco entregue com este documento contém todos os ficheiros utilizados no nosso projeto. Estes incluem os ficheiros utilizados para a instalação do "MediaWiki" e do "Semantic MediaWiki"; os ficheiros modificados e codificados por PHP; e também todas as extensões instaladas.

As finalidades da gravação de todos os ficheiros de um disco são:

- Permitir melhorias adicionais no nosso projeto, instalando as mesmas versões de todo o software utilizado;
- Mantenha este documento mais curto, em vez de colar aqui todo o código PHP.

A.3 - Código PHP desenvolvido

Para o nosso projeto, adaptámos a extensão "SemanticGraph" e criámos uma nova extensão denominada "SemanticDEMO".

"Extensão "SemanticGraph

O seguinte código PHP foi desenvolvido para o ficheiro "SemanticGraph2.php".

```php
<?php

/**
 * Semantic Graph Extension - this extension is an
provides some parser functions
 * to create and display graphs based on the structure of
a wiki.
 *
 * To activate this extension, add the following into your
LocalSettings.php file:
 *
require_once('$IP/extensions/SemanticGraph/includes/Semant
icGraph2.php');
 *
 * @ingroup Extensions
 * @author Rob Challen <rjchallen@gmail.com>
 * @version 0.8.5
 * @link
http://www.mediawiki.org/wiki/Extension:MyExtension
Documentation
 * @license http://www.gnu.org/copyleft/gpl.html GNU
General Public License 2.0 or later
 *
 *
 * Changes by Jorge Capela (jorgecapela@hotmail.com)
 * University of Madeira
 * This extension is used for creating DEMO graphs
 * Master thesis oriented by David Aveiro
 */

/**
 * Protect against register_globals vulnerabilities.
 * This line must be present before any global variable is
referenced.
 */
if( !defined( 'MEDIAWIKI' ) ) {
        echo( "This is an extension to the MediaWiki
package and cannot be run standalone.\n" );
        die( -1 );
}
```

```php
# Define a setup function
$wgExtensionFunctions[] = 'efSGraphParserFunction_Setup';
# Add a hook to initialise the magic word
$wgHooks['LanguageGetMagic'][]        =
'efSGraphParserFunction_Magic';
// Extension credits that will show up on Special:Version
$wgExtensionCredits['parserhook'][] = array(
        'name'            => 'SemanticGraph',
        'version'         => '0.8.5',
        'author'          => 'Rob Challen',
        'url'             =>
'http://semanticgraph.sourceforge.net/',
        'description'  => 'This extension depends on
graphviz, freemind applet and hypergraph applet'
);

include_once('SemanticGraphSettings.php');
include_once('SemanticGraphFiles.php');
include_once('SemanticGraphRenderer.php');
include_once('SemanticGraphBuilders.php');
include_once('SemanticGraphQuery.php');


// Removed because these functions are not used
//include_once('SemanticGraphHelperFunctions.php');


$wgSemanticGraphSettings = new SemanticGraphSettings();

function efSGraphParserFunction_Setup() {
        global $wgParser;
        # Set a function hook associating the "example"
magic word with our function
        $wgParser->setFunctionHook( 'sgraph',
'efSGraphParserFunction_Render' );
}

function efSGraphParserFunction_Magic( &$magicWords,
$langCode ) {
        # Add the magic word
        # The first array element is case sensitive, in
this case it is not case sensitive
        # All remaining elements are synonyms for our
parser function
        $magicWords['sgraph'] = array( 0, 'sgraph');
        # unless we return true, other parser functions
extensions won't get loaded.
        return true;
}

function efArgs($params,$type) {
     global $wgScriptPath, $wgOut;
     global $wgSemanticGraphSettings;
     if (($args = $wgSemanticGraphSettings-
>parseOptions($params,$type)) == false) {
          $t = '<p>'.$wgSemanticGraphSettings-
>lastError.'</p>';
          $t .= $wgSemanticGraphSettings->usage($type);
```

```php
            $wgSemanticGraphSettings->lastError = $t;
            return false;
        }
        return $args;
}


function efSGraphParserFunction_Render( &$parser) {
        global $wgSemanticGraphSettings;
        $initargs = efArgs(func_get_args(),'sgraph');
        if ($initargs == false) return
$wgSemanticGraphSettings->lastError;

        $renderer = new renderer('dot');
        $file = new graphfile($initargs['name'], 'dot');
        $ng = new networkgraph($initargs);

        $dottext = $renderer->enter('preamble', $initargs);
        $dottext .= $initargs['dotoptions'];
        $ng->buildfromWiki();
        $dottext .= $ng->getSubGraph($renderer);
        $dottext .= $renderer->enter('conclusion',
$initargs);


        // Lets do some changes to the dot,
        // before sending the array for creating the file

        //com o explode, criamos um array com todas as
linhas, obtidas pelo separador ;
        $textodividido = explode(";", $dottext);

        foreach ($textodividido as $itemdividido) {
            if ((preg_match("/.is_an_initiator_of./i",
$itemdividido)) && (preg_match("/url/i", $itemdividido)))
            {
                //echo "ENCONTROU initiator";
                //echo $itemdividido;
            }
            else {
                //echo "nao encontrou initiator";
                $new_no_initiator[] = $itemdividido;
            }
        }


        $novo_sem_initiator = implode (";",
$new_no_initiator);
        //echo $novo_sem_initiator;


        $textodividido2 = explode(";", $novo_sem_initiator)

        foreach ($textodividido2 as $itemdividido2) {
                if
((preg_match("/.is_the_executor_of./i", $itemdividido2))
&& (preg_match("/url/i", $itemdividido2)))
```

```php
				{
					//echo "ENCONTROU executor";
					//echo $itemdividido;
				}
				else {
					//echo "nao encontrou executor";
					$new_no_executor[] =
$itemdividido2;
				}
		}


	$novo_sem_executor = implode (";",
$new_no_executor);
		//echo $novo_sem_executor;




	$textodividido3 = explode(";", $novo_sem_executor);

			foreach ($textodividido3 as $itemdividido3) {
					if ((preg_match("/label=\"T/i",
$itemdividido3)))
					{
							//echo "ENCONTROU
Transaction";

							//tem de copiar a string com
o nome da transaccao
							//colocar essa string no
tooltip
							//e elimnar o local original
onde se encontrava
							//adiciona também o
shapefile

							$obtem_posicao_transaction =
strpos($itemdividido3, "[label=\"T");

		$obtem_fim_posicao_transaction =
strpos($itemdividido3, "\", URL=");

							//echo
$obtem_posicao_transaction;

							$comprimento_string =
$obtem_fim_posicao_transaction -
($obtem_posicao_transaction + 8);

							$guarda_quase_final =
substr($itemdividido3, ($obtem_posicao_transaction + 8),
$comprimento_string);

							$posicao_hifen =
strpos($guarda_quase_final, "-") + 1;

							//echo
```

```php
                            substr($guarda_quase_final, $posicao_hifen,
strlen($guarda_quase_final));

                                            $tooltip_final =
substr($guarda_quase_final, $posicao_hifen,
strlen($guarda_quase_final));


                                            //$itemdividido3 =
preg_replace("/]/", ",
image=\"C:\\xampp\\htdocs\\wiki\\images\\dot\\img_transact
ion.svg\", tooltip=\"$tooltip_final\"]", $itemdividido3);
                                            $itemdividido3 =
preg_replace("/]/", ",
shapefile=\"C:\\xampp\\htdocs\\wiki\\images\\dot\\img_tran
saction.svg\", tooltip=\"$tooltip_final\"]",
$itemdividido3);

                                            //echo $itemdividido3;

                                            $posicao_correcta =
$obtem_posicao_transaction + $posicao_hifen + 7; //retira
1 porque adicionou 1 em cima (8-1=7)


                                            //remove a string do local
(adiciona 1 porque retirou 1 em cima ao $posicao_hifen
                                            $novoitem3 =
substr_replace($itemdividido3, '', $posicao_correcta,
($comprimento_string - $posicao_hifen + 1));

                                            //echo $novoitem3;


                                            $new_good_transaction[] =
$novoitem3;

                                    }
                            else {
                                    //echo "nao encontrou
transaction";
                                    $new_good_transaction[] =
$itemdividido3;
                            }

                    }


            $novo_bom_transaction = implode (";",
$new_good_transaction);
            //echo $novo_bom_transaction;



            // nos ACTOR ROLE introduz o shapefile
            // mas no label tem de cortar o texto, ficando
só A... ou CA...
```

```php
                    // o restante texto vai para tooltip
                    $textodividido4 = explode(";",
$novo_bom_transaction);

                    foreach ($textodividido4 as $itemdividido4) {


                            if ((preg_match("/label=\"A/i",
$itemdividido4)))
                                        {
                                                //echo
"ENCONTROU elementary actor role";

        $posicao_hifen_actor_role = strpos($itemdividido4,
'-');


        $posicao_antes_label = strpos($itemdividido4,
"[label=\"A");

                                        //echo
$posicao_antes_label;

                                        //obtem o texto
para a tooltip

        $restante_actor_role = substr($itemdividido4,
($posicao_hifen_actor_role+1), ($posicao_antes_label-6));


        $comprimento_actor_role =
strlen($restante_actor_role);


        $dividir_restante_actor_role = explode("_",
$restante_actor_role);

        $juntar_restante_actor_role = implode (" ",
$dividir_restante_actor_role);


        $tooltip_actor_role = $juntar_restante_actor_role;
                                        //
$tooltip_actor_role = ltrim(substr($itemdividido4, 0,
($posicao_antes_label-1)));



                                        //corta a string
para ficar só A...

                                        //calcula
quantos caracteres estao entre A e o hifen

        $diferenca_do_hifen = $posicao_hifen_actor_role - 1;
```

```php
                                                $itemdividido4 =
substr_replace($itemdividido4, '',
($posicao_antes_label+8+$diferenca_do_hifen),
($comprimento_actor_role+1));



                                                //$itemdividido4
= preg_replace("/]/", "",
image=\"C:\\xampp\\htdocs\\wiki\\images\\dot\\img_elementa
ry_actor_role.svg\", tooltip=\"$tooltip_actor_role\"]",
$itemdividido4);
                                                $itemdividido4 =
preg_replace("/]/", "",
shapefile=\"C:\\xampp\\htdocs\\wiki\\images\\dot\\img_elem
entary_actor_role.svg\",
tooltip=\"$tooltip_actor_role\"]", $itemdividido4);


                                        }
                        else {
                                        //echo "nao
encontrou elementary actor role";
                                }

                        if ((preg_match("/label=\"CA/i",
$itemdividido4)))
                                        {
                                                //echo
"ENCONTROU composite actor role";


     $posicao_hifen_actor_role = strpos($itemdividido4,
'-');


     $posicao_antes_label = strpos($itemdividido4,
"[label=\"CA");

                                                //echo
$posicao_antes_label;

                                                //obtem o texto
para a tooltip

     $restante_actor_role = substr($itemdividido4,
($posicao_hifen_actor_role+1), ($posicao_antes_label-7));


     $comprimento_actor_role =
strlen($restante_actor_role);


     $dividir_restante_actor_role = explode("_",
$restante_actor_role);

     $juntar_restante_actor_role = implode (" ",
$dividir_restante_actor_role);
```

```php
            $tooltip_actor_role = $juntar_restante_actor_role;
                                                            //
$tooltip_actor_role = ltrim(substr($itemdividido4, 0,
($posicao_antes_label-1)));




                                                //corta a string
para ficar só CA...

                                                //calcula
quantos caracteres estao entre A e o hifen

        $diferenca_do_hifen = $posicao_hifen_actor_role - 1;


                                                $itemdividido4 =
substr_replace($itemdividido4, '',
($posicao_antes_label+8+$diferenca_do_hifen),
($comprimento_actor_role+1));


                                                //
$tooltip_actor_role = "ainda por fazer";

                                                //$itemdividido4
= preg_replace("/]/", ",
image=\"C:\\xampp\\htdocs\\wiki\\images\\dot\\img_composit
e_actor_role.svg\", tooltip=\"$tooltip_actor_role\"]",
$itemdividido4);
                                                $itemdividido4 =
preg_replace("/]/", ",
shapefile=\"C:\\xampp\\htdocs\\wiki\\images\\dot\\img_comp
osite_actor_role.svg\", tooltip=\"$tooltip_actor_role\"]",
$itemdividido4);

                                            }
                        else {
                                        //echo "nao
encontrou composite actor role";
                                }

                        $new_good_actor_role[] =
$itemdividido4;
            }


        $novo_bom_actor_role = implode (";",
$new_good_actor_role);
            //echo $novo_bom_actor_role;
            //exit(0);




        //
```

```php
//-----------------------------------------------
            // Parte de baixo, ligações do graph
            //
//-----------------------------------------------

            $textodividido5 = explode(";",
$novo_bom_actor_role);

            foreach ($textodividido5 as $itemdividido5) {

                if
((preg_match("/.is_the_executor_of./i", $itemdividido5)))
                    {
                            //echo "ENCONTROU
is_the_executor_of";

                            $obtem_posicao_isexecutor =
strpos($itemdividido5, ".is_the_executor_of.");
                            //echo
$obtem_posicao_isexecutor;


                            $parte_inicial_executor =
ltrim(substr($itemdividido5, 0,
$obtem_posicao_isexecutor));


                            $obtem_posicao_setalink =
strpos($itemdividido5, "->");
                            //echo
$obtem_posicao_setalink;


                            $item_executor_apos_seta =
substr_replace($itemdividido5, '', 0,
($obtem_posicao_setalink + 3));


                            if
(strcmp($parte_inicial_executor, $item_executor_apos_seta)
== 0) {
                            // iguais

                            }
                            else
                                {
                                    //diferentes


                            //$comprimento_isexecutor =
$obtem_posicao_setalink - $obtem_posicao_isexecutor;

                            //$novoitem5 =
substr_replace($itemdividido5, '',
$obtem_posicao_isexecutor, ($comprimento_isexecutor - 1));
                            //$new_final_executor[] =
$novoitem5 . "\" [dir=\"back\", arrowhead=\"normal\",
```

```php
arrowtail=\"box\"]";


								$novoitem5 =
$parte_inicial_executor . " -> " .
$item_executor_apos_seta;


								$new_final_executor[] =
$novoitem5 . "\" [dir=\"back\", arrowtail=\"box\"]";

								}




								}
				else {
								//echo "nao encontrou
is_the_executor_of";
								$new_final_executor[]
= $itemdividido5;
								}



				}


			$novo_final_executor = implode (";",
$new_final_executor);
			//echo $novo_final_executor;



			$textodividido6 = explode(";",
$novo_final_executor);

			foreach ($textodividido6 as $itemdividido6) {

					if
((preg_match("/.is_an_initiator_of./i", $itemdividido6)))
										{
										//echo
"ENCONTROU is_an_initiator_of";


		$obtem_posicao_isinitiator = strpos($itemdividido6,
".is_an_initiator_of.");
										//echo
$obtem_posicao_isexecutor;



		$parte_inicial_initiator =
ltrim(substr($itemdividido6, 0,
```

```php
$obtem_posicao_isinitiator));
                                        //echo
$parte_inicial_initiator;


    $obtem_posicao_setalink = strpos($itemdividido6, "-
>");
                                        //echo
$obtem_posicao_setalink;

                                        $item_apos_seta
= substr_replace($itemdividido6, '', 0,
($obtem_posicao_setalink + 3));
                                        //echo
$item_apos_seta;

                                        if
(strcmp($parte_inicial_initiator, $item_apos_seta) == 0) {
                                        // iguais

                                        }
                                        else
                                        {
                                        //diferentes


                                        //
$comprimento_isinitiator = $obtem_posicao_setalink -
$obtem_posicao_isinitiator;

                                        //$novoitem6 =
substr_replace($itemdividido6, '',
$obtem_posicao_isinitiator, ($comprimento_isinitiator -
1));
                                        //
$new_final_initiator[] = $novoitem6 . "\" [dir=\"none\",
arrowhead=\"normal\", arrowtail=\"normal\"]";

                                        $novoitem6 =
$item_apos_seta . " -> " . $parte_inicial_initiator;


    $new_final_initiator[] = $novoitem6 . "\"
[dir=\"none\"]";


                                        }
                                else {
```

```php
                                                    //echo "nao encontrou
is_an_initiator_of";
                                    //$new_final_aspas[] =
$itemdividido7;
                //}


                if ((preg_match("/ -> /i",
$itemdividido7)))
                                                {


    $itemdividido7 = preg_replace("/ -> /i", "\" -> \"",
$itemdividido7);

                                                    //
$new_final_aspas[] = '"' . $itemdividido7;

    $newitemdividido7 = ltrim($itemdividido7);

    $new_final_aspas[] = "\"" . $newitemdividido7;

                                        }
                            else {
                                            //echo
"nao encontrou is_an_initiator_of";

    $new_final_aspas[] = $itemdividido7;
                }


        }


    //$novo_final_aspas = implode (";",
$new_final_aspas);
        //echo $novo_final_aspas;


    // remove linhas duplicadas e grava num novo
ficheiro
    $new_final_aspas = array_unique($new_final_aspas);

    //$ltrim_new_final_aspas = ltrim($new_final_aspas);
    //$rtrim_new_final_aspas = rtrim($new_final_aspas);

    //$array_final = implode(";\r\n", $new_final_aspas);
    $array_final = implode(";\r\n", $new_final_aspas);

    //echo $array_final;


    //return array($file->renderGraphFromDot($dottext,
$initargs['engine'], $initargs['width'],
$initargs['height'], $initargs['svg'],
$initargs['boxresize'], $initargs['zoom']), 'noparse' =>
true, 'isHTML' => true);

    return array($file->renderGraphFromDot($array_final,
$initargs['engine'], $initargs['width'],
$initargs['height'], $initargs['svg'],
$initargs['boxresize'], $initargs['zoom']), 'noparse' =>
true, 'isHTML' => true);

    //testing:
```

```php
            //return "<pre>".$dottext."</pre>";
}

?>
```

O seguinte código PHP foi desenvolvido para o ficheiro "SemanticGraphFiles.php".

```php
function   renderGraphFromDot(   $timelinesrc,   $engine
$width, $height, $svgview = 'false', $boxresize = "none"
$zoom = "tofit" ) {
        //adapted from renderGraphviz function:
http://www.mediawiki.org/wiki/Extension:GraphViz
    global $wgSemanticGraphSettings;
    global $wgServer;

    $src = $this->filename . '.dot';

    $svg = $this->filename . '-tmp.svg';


    $handle = fopen($src, "w");
    fwrite($handle, $timelinesrc);
    fclose($handle);


    if ($engine == 'dot') {
       $cmd = $wgSemanticGraphSettings->dotCommand;
    } elseif ($engine == 'neato') {
       $cmd = $wgSemanticGraphSettings->neatoCommand
    } elseif ($engine == 'fdp') {
       $cmd = $wgSemanticGraphSettings->fdpCommand;
    } elseif ($engine == 'circo') {
       $cmd = $wgSemanticGraphSettings->circoCommand
    } elseif ($engine == 'twopi') {
       $cmd = $wgSemanticGraphSettings->twopiCommand
    }


        // Executes dot command line to create the SVG
file
    $cmdlinesvg = wfEscapeShellArg($cmd).' -T svg
'.wfEscapeShellArg($src).' -o '.wfEscapeShellArg($svg);
    $WshShell = new COM("WScript.Shell");
        $WshShell->Exec($cmdlinesvg);

    //$cmdlinesvg = wfEscapeShellArg($cmd).' -Tsvg -o
'.wfEscapeShellArg($svg).' '.wfEscapeShellArg($src);
    //@$ret = shell_exec($cmdlinesvg);


        // Open the SVG file (this is a XML file)
        // to add/remove some elements
```

```php
			//<text text-anchor="middle" x="191" y="15"
font-family="Arial" font-size="8.00">
			//<tspan x="191" dy="15">exam</tspan>
			//<tspan x="191" dy="30">scheduling</tspan>
			//</text>

			//$file_to_load = $this->filename.'-tmp.svg';
			//$file_to_load = $this->filepath.'-tmp.svg';
			$file_to_load =
'C:\\xampp\\htdocs\\wiki\\images\\dot\\'.$this->name.'-
tmp.svg';

			//echo $file_to_load;

			//exit(0);


			// Use DOMDocument
			$dom = new DOMDocument('1.0', 'UTF-8');
			$dom->xmlStandalone = false;
			$dom->load($file_to_load);
			//$dom-
>load('http://www.example.com/file.xml');
			//$dom->formatOutput = true;


			$tagSVG = $dom->getElementsByTagName('svg')-
>item(0);
			// Get the -height- value
			$attribSVG = $tagSVG-
>getAttributeNode('height');

			//echo $attribSVG->value;

			// Expand the image area by 100pt to allow
transaction text description
			$new_SVG_value = $attribSVG->value;
			$new_SVG_value = str_replace('pt', '',
$new_SVG_value);
			$new_SVG_value = $new_SVG_value + 100;
			$new_SVG_value = $new_SVG_value.'pt';
			$tagSVG->setAttributeNS('', 'height',
$new_SVG_value);

			//echo $new_SVG_value;


			// Find all -image- tags to replace the
physical path string
			// The new path should be http://.... for a
correct image display
			$tagName = $dom-
>getElementsByTagName('image');
			$total_image_tags = $tagName->length;
			//echo $total_image_tags;
			//exit(0);

			// Loop through all the tags
```

```php
                for ($counter_i = 0; $counter_i <
$total_image_tags; $counter_i++) {

                        $node = $dom-
>getElementsByTagName('image')->item($counter_i);
                        $attribNode = $node-
>getAttributeNode('xlink:href');
                        $val = $attribNode->value;
                        $val =
str_replace('C:\xampp\htdocs\wiki\images\dot\\',
'http://localhost/wiki/images/dot/', $val);
                        $node-
>setAttributeNS('http://www.w3.org/1999/xlink',
'xlink:href', $val);
                }



            // Get all g tags with class node
            $all_g = $dom->getElementsByTagName('g');
            //$total_g_nodes = $all_g->length;


            foreach ($all_g as $param_g) {
                    $is_node = $param_g ->
getAttribute('class');

                    $tag_a_from_g = $param_g-
>getElementsByTagName('a')->item(0);


                    $this_title = $param_g-
>getElementsByTagName('title')->item(0);
                    $text_title = $this_title->nodeValue;

                    $is_transaction = strstr ($text_title,
"T");
                    $is_elementary_actor = strstr
($text_title, "A");
                    $is_composite_actor = strstr
($text_title, "CA");

                        if ($is_node == "node") {

                            if ($is_transaction == true)
{
                                    //echo "e um node";
                                    //echo $text_title;

                                    $tag_text_param_x =
$param_g->getElementsByTagName('text')->item(0);
                                    $x_value =
$tag_text_param_x -> getAttribute('x');

                                    $tag_text_param_y =
$param_g->getElementsByTagName('text')->item(0);
                                    $y_value =
```

```php
$tag_text_param_y -> getAttribute('y');

                                    //echo $x_value;


    $text_transaction_length = strlen($text_title);

    $text_transaction_hifen = strpos($text_title, "-");
                            $text_transaction =
substr($text_title, ($text_transaction_hifen + 1),
$text_transaction_length);

                            $text_array_aux =
explode("_", $text_transaction);


    unset($array_divided_transaction);


    $word_count_transaction=0;

                            foreach
($text_array_aux as $each_word_transaction) {

    $array_divided_transaction[]=$each_word_transaction;
                            }


    $word_count_transaction =
count($array_divided_transaction);




                            //$text_array_aux2 =
implode(" ", $text_array_aux);

                            //$text_transaction =
$text_array_aux2;

                            if
($word_count_transaction == 2) {


    $text_transaction = $array_divided_transaction[0];

                                    $element = $dom-
>createElement('text', $text_transaction);
                                    $tag_a_from_g-
>appendChild($element);
                                    $element-
>setAttribute('text-anchor', 'middle');
                                    $element-
>setAttribute('x', $x_value);
                                    $element-
>setAttribute('y', $y_value+25);
                                    $element-
>setAttribute('font-family', 'Arial');
```

```php
                                                $element-
>setAttribute('font-size', '8.00');


    $text_transaction = $array_divided_transaction[1];

                                                $element = $dom-
>createElement('text', $text_transaction);
                                                $tag_a_from_g-
>appendChild($element);
                                                $element-
>setAttribute('text-anchor', 'middle');
                                                $element-
>setAttribute('x', $x_value);
                                                $element-
>setAttribute('y', $y_value+35);
                                                $element-
>setAttribute('font-family', 'Arial');
                                                $element-
>setAttribute('font-size', '8.00');


                                        }

                                if
($word_count_transaction == 3) {


    $first_word_length =
strlen($array_divided_transaction[0]);

                                        if
($first_word_length <= 8) {


    $text_transaction = $array_divided_transaction[0].'
'.$array_divided_transaction[1];

                                                $element =
$dom->createElement('text', $text_transaction);

    $tag_a_from_g->appendChild($element);
                                                $element-
>setAttribute('text-anchor', 'middle');
                                                $element-
>setAttribute('x', $x_value);
                                                $element-
>setAttribute('y', $y_value+25);
                                                $element-
>setAttribute('font-family', 'Arial');
                                                $element-
>setAttribute('font-size', '8.00');


    $text_transaction = $array_divided_transaction[2];

                                                $element =
$dom->createElement('text', $text_transaction);
```

```php
        $tag_a_from_g->appendChild($element);
                                        $element->setAttribute('text-anchor', 'middle');
                                        $element->setAttribute('x', $x_value);
                                        $element->setAttribute('y', $y_value+35);
                                        $element->setAttribute('font-family', 'Arial');
                                        $element->setAttribute('font-size', '8.00');
                            }
                        else
                        {

        $text_transaction = $array_divided_transaction[0];

                                        $element = $dom->createElement('text', $text_transaction);

        $tag_a_from_g->appendChild($element);
                                        $element->setAttribute('text-anchor', 'middle');
                                        $element->setAttribute('x', $x_value);
                                        $element->setAttribute('y', $y_value+25);
                                        $element->setAttribute('font-family', 'Arial');
                                        $element->setAttribute('font-size', '8.00');


        $text_transaction = $array_divided_transaction[1].'
'.$array_divided_transaction[2];

                                        $element = $dom->createElement('text', $text_transaction);

        $tag_a_from_g->appendChild($element);
                                        $element->setAttribute('text-anchor', 'middle');
                                        $element->setAttribute('x', $x_value);
                                        $element->setAttribute('y', $y_value+35);
                                        $element->setAttribute('font-family', 'Arial');
                                        $element->setAttribute('font-size', '8.00');
                            }
                        }

                        if ($word_count_transaction == 4) {
```

```php
        $text_transaction = $array_divided_transaction[0].'
'.$array_divided_transaction[1];

                                        $element = $dom-
>createElement('text', $text_transaction);
                                        $tag_a_from_g-
>appendChild($element);
                                        $element-
>setAttribute('text-anchor', 'middle');
                                        $element-
>setAttribute('x', $x_value);
                                        $element-
>setAttribute('y', $y_value+25);
                                        $element-
>setAttribute('font-family', 'Arial');
                                        $element-
>setAttribute('font-size', '8.00');


        $text_transaction = $array_divided_transaction[2].'
'.$array_divided_transaction[3];

                                        $element = $dom-
>createElement('text', $text_transaction);
                                        $tag_a_from_g-
>appendChild($element);
                                        $element-
>setAttribute('text-anchor', 'middle');
                                        $element-
>setAttribute('x', $x_value);
                                        $element-
>setAttribute('y', $y_value+35);
                                        $element-
>setAttribute('font-family', 'Arial');
                                        $element-
>setAttribute('font-size', '8.00');
                                            }



                    }



                            if (($is_elementary_actor ==
true) || ($is_composite_actor == true)) {

                                    $tag_text_param_x =
$param_g->getElementsByTagName('text')->item(0);
                                    $x_value =
$tag_text_param_x -> getAttribute('x');

                                    $tag_text_param_y =
$param_g->getElementsByTagName('text')->item(0);
```

```php
                                    $y_value =
$tag_text_param_y -> getAttribute('y');

                                        $tag_text_value_null =
$param_g->getElementsByTagName('text')->item(0);
                                        $tag_text_value_null-
>nodeValue="";
                                        $tag_text_value_null-
>setAttribute('text-align', 'center');


                                        $text_actor_length =
strlen($text_title);
                                        $text_actor_hifen =
strpos($text_title, "-");
                                        $text_actor =
substr($text_title, ($text_actor_hifen + 1),
$text_actor_length);
                                        $text_actor_name =
substr($text_title, 0, $text_actor_hifen);

                                        $text_array_aux3 =
explode("_", $text_actor);


    unset($array_divided_text);


    $array_divided_text[]=$text_actor_name;

                                $word_count=1;

                                foreach
($text_array_aux3 as $each_word) {

    $array_divided_text[]=$each_word;
                                    }

                                $word_count =
count($array_divided_text);

                                        $tag_text_from_ga =
$tag_a_from_g->getElementsByTagName('text')->item(0);


                                        if ($word_count == 2)
{
                                        $element2 =
$dom->createElement('tspan', $array_divided_text[0]);

    $tag_text_from_ga->appendChild($element2);
                                        //$element2-
>setAttribute('x', $x_value-3);
                                        $element2-
>setAttribute('x', $x_value);
                                        $element2-
>setAttribute('y', $y_value-10);
```

```php
                                                $element2 =
$dom->createElement('tspan', $array_divided_text[1]);

     $tag_text_from_ga->appendChild($element2);
                                                //$element2-
>setAttribute('x', $x_value-3);
                                                $element2-
>setAttribute('x', $x_value);
                                                $element2-
>setAttribute('y', $y_value+10);
                                          }


                                   if ($word_count == 3)
{
                                                $element2 =
$dom->createElement('tspan', $array_divided_text[0]);

     $tag_text_from_ga->appendChild($element2);
                                                $element2-
>setAttribute('x', $x_value);
                                                $element2-
>setAttribute('y', $y_value-10);

                                                $element2 =
$dom->createElement('tspan', $array_divided_text[1]);

     $tag_text_from_ga->appendChild($element2);
                                                $element2-
>setAttribute('x', $x_value);
                                                $element2-
>setAttribute('y', $y_value);

                                                $element2 =
$dom->createElement('tspan', $array_divided_text[2]);

     $tag_text_from_ga->appendChild($element2);
                                                $element2-
>setAttribute('x', $x_value);
                                                $element2-
>setAttribute('y', $y_value+10);
                                          }


                                   if ($word_count == 4)
{
                                                $element2 =
$dom->createElement('tspan', $array_divided_text[0]);

     $tag_text_from_ga->appendChild($element2);
                                                $element2-
>setAttribute('x', $x_value);
                                                $element2-
>setAttribute('y', $y_value-10);

                                                $element2 =
$dom->createElement('tspan', $array_divided_text[1]);
```

```php
        $tag_text_from_ga->appendChild($element2);
                                    $element2->setAttribute('x', $x_value);
                                    $element2->setAttribute('y', $y_value);


                                    $element2 = $dom->createElement('tspan', $array_divided_text[2]);

        $tag_text_from_ga->appendChild($element2);
                                    $element2->setAttribute('x', $x_value);
                                    $element2->setAttribute('y', $y_value+10);


                                    $element2 = $dom->createElement('tspan', $array_divided_text[2]);

        $tag_text_from_ga->appendChild($element2);
                                    $element2->setAttribute('x', $x_value);
                                    $element2->setAttribute('y', $y_value+20);
                                }

                        }


                }


        }


        $nome_ficheiro = 'C:\xampp\htdocs\wiki\images\dot\\'.$this->name.'.svg';

        //echo $nome_ficheiro;

        $dom->save($nome_ficheiro);


        $iframe = '<IFRAME src="'.$this->filepath.'.svg" width="'.$width.'px" height="'.
$height.'px" scrolling="yes" frameborder=1>'
                .'[Your user agent does not support frames or is currently configured not to display frames. However, you may visit'
                .'<A href="'.$this->filepath.'-final.svg">the related document.</A></IFRAME>';
                //$iframe .= '<br/><a href="'.$this->filepath.'.dot">Click to download dot source...</a>';

        return $iframe;
```

O seguinte código PHP foi desenvolvido para o ficheiro "SemanticGraphRenderer.php".

```php
function prettyText($str) {
        if ($this->renderer == "hypergraph") {
            $str = str_replace('<','&lt;',$str);
            $str = str_replace('>','&gt;',$str);
            $str = str_replace("'",'&apos;',$str);
            $str = str_replace("\"",'&quot;',$str)
            $str = preg_replace('|(&)
(\s*\b\w+\b(?!;))|','$1amp;$2',$str);
        }
        if ($this->renderer == "dot") {
            $newstr = '';
            foreach (explode(" ",$str) as $word) {
                $newstr .= $word;


                // String are separated by empty
space
                // New line is what we want, but
not here
                // The new line changes are made
in XML
                //if ((strlen($newstr) -
strrpos($newstr, '\n'))>10) {
                    //$newstr .= '\n';
                //} else {
                    $newstr .= " ";
                //}
            }
            $str = trim($newstr);
            $str = str_replace("\"",'\"',$str);
            $str = str_replace("\(",'\(',$str);
            $str = str_replace("\)",'\)',$str);
        }
        return $str;
    }
```

O seguinte código PHP foi desenvolvido para o ficheiro "SemanticGraphSettings.php".

```php
function __construct() {
        global $wgServer, $wgScriptPath;
        if ( ! (stristr (PHP_OS, 'WIN' ) === FALSE) )
{
            //$this->dotCommand =
'C:/xampp/htdocs/wiki/extensions/SemanticGraph/includes/gr
aphviz_files/bin/dot.exe';
            $this->dotCommand =
'C:/Graphviz2.26.3/bin/dot';
            //$this->neatoCommand =
'C:/Graphviz2.26.3/bin/dot.exe';
        } else {
```

```php
        $this->dotCommand = '/usr/bin/dot';
        $this->neatoCommand = '/usr/bin/neato';
        $this->circoCommand = '/usr/bin/circo';
        $this->fdpCommand = '/usr/bin/fdp';
        $this->twopiCommand = '/usr/bin/twopi';
    }
```

"Extensão "SemanticDEMO

O seguinte código PHP foi desenvolvido para o ficheiro "SemanticDEMO.php".

```php
<?php

/**
 * Semantic DEMO Extension - this extension provides functions
 * to create and display SVG graphs based on the structure of a wiki.
 *
 * To activate this extension, add the following into your
 * LocalSettings.php file:
 *
 * require_once('$IP/extensions/SemanticDEMO/includes/Semanti
 * cDEMO.php');
 *
 * @ingroup Extensions
 * @author Jorge Capela <jorgecapela@hotmail.com> | Master
 * thesis oriented by David Aveiro | University of Madeira
 * @version 0.0.1
 * @link http://.........
 * @license http://www.gnu.org/copyleft/gpl.html GNU
 * General Public License 2.0 or later
 *
 * This extension is based on the Semantic Graph extension
 * structure developed by Rob Challen <rjchallen@gmail.com>
 *
 * SOME IMPORTANT NOTES
 * - after creating the symbol page, i.e. «CA03-publisher-
 * symbol_01», you need to edit «CA03-publisher» wiki page,
 * and save it
 */

/**
 * Protect against register_globals vulnerabilities.
 * This line must be present before any global variable is
 * referenced.
 */
if( !defined( 'MEDIAWIKI' ) ) {
        echo( "This is an extension to the MediaWiki
package and cannot be run standalone.\n" );
        die( -1 );
}
```

```php
# Define a setup function
$wgExtensionFunctions[] = 'efSDEMOParserFunction_Setup';
# Add a hook to initialise the magic word
$wgHooks['LanguageGetMagic'][]       =
'efSDEMOParserFunction_Magic';
// Extension credits that will show up on Special:Version
$wgExtensionCredits['parserhook'][] = array(
        'name'          => 'SemanticDEMO',
        'version'       => '0.0.1',
        'author'        => 'Jorge Capela',
        'url'           => 'http://...',
        'description'   => 'This extension is able to
create and display SVG graphs based on the structure of a
wiki'
);

include_once('SemanticDEMOSettings.php');
include_once('SemanticDEMOFunctions.php');
//include_once('SemanticDEMOFiles.php');
//include_once('SemanticDEMORenderer.php');
//include_once('SemanticDEMOBuilders.php');
//include_once('SemanticDEMOQuery.php');



$wgSemanticDEMOSettings = new SemanticDEMOSettings();

function efSDEMOParserFunction_Setup() {
        global $wgParser;
        # Set a function hook associating the "example"
magic word with our function
        $wgParser->setFunctionHook( 'sdemo',
'efSDEMOParserFunction_Render' );
}

function efSDEMOParserFunction_Magic( &$magicWords,
$langCode ) {
        # Add the magic word
        # The first array element is case sensitive, in
this case it is not case sensitive
        # All remaining elements are synonyms for our
parser function
        $magicWords['sdemo'] = array( 0, 'sdemo');
        # unless we return true, other parser functions
extensions won't get loaded.
        return true;
}

function efArgs_DEMO($params,$type) {
     global $wgScriptPath, $wgOut;
     global $wgSemanticDEMOSettings;
     if (($args = $wgSemanticDEMOSettings-
>parseOptions($params,$type)) == false) {
          $t = '<p>'.$wgSemanticDEMOSettings-
>lastError.'</p>';
          $t .= $wgSemanticDEMOSettings->usage($type);
          $wgSemanticDEMOSettings->lastError = $t;
          return false;
```

```php
        }
        return $args;
}

function efSDEMOParserFunction_Render( &$parser) {
       global $wgSemanticDEMOSettings;
       $initargs = efArgs_DEMO(func_get_args(),'sdemo');
       //echo $initargs;
       if ($initargs == false) return
$wgSemanticDEMOSettings->lastError;


       $diagram_name = $initargs['diagram'];


       //$file_to_load = 'C:\\xampp\\htdocs\\dummy.svg';

       $file_to_load =
getcwd().'\extensions\SemanticDEMO\svg\\dummy.svg';

       // Use DOMDocument
       $dom = new DOMDocument('1.0', 'UTF-8');
       $dom->xmlStandalone = false;
       $dom->load($file_to_load);



       $tagSVG = $dom->getElementsByTagName('svg')-
>item(0);

       $create_title_node = $dom->createElement("title",
$diagram_name);
       $tagSVG->appendChild($create_title_node);



       $g_index = 0;
       //1 to use the save button
       //$g_index = 1;

$con = mysql_connect("localhost","wikiuser","12345");
if (!$con)
  {
  die('Could not connect: ' . mysql_error());
  }

mysql_select_db("wikidb", $con);

// aqui faz a query com uma variavel que trás o nome do
diagrama
$result = mysql_query("SELECT page_title from eomw_page
tbl1 INNER JOIN eomw_pagelinks tbl2 ON tbl1.page_id =
tbl2.pl_from WHERE pl_title='" . $diagram_name . "'");


while($row = mysql_fetch_array($result))
       {
```

```php
                //echo $row['page_title'];
                // testar com % antes do -symbol
            $result2 = mysql_query("SELECT smw_id,
smw_title FROM eomw_smw_ids WHERE smw_title LIKE '" .
$row['page_title'] . "-symbol'");

            while($row2 = mysql_fetch_array($result2))
                {
                    //estas 2 linhas servem para
eliminar os «.is_an_initiator_of.» e
«.is_the_executor_of.»
                    $is_position =
strpos($row2['smw_title'], ".is_");
                    if ($is_position==0){

                    $result3 = mysql_query("SELECT
smw_id FROM eomw_smw_ids WHERE smw_title =
'X_coordinate'");

                    while($row3 =
mysql_fetch_array($result3))
                            {

                            $result30 =
mysql_query("SELECT value_xsd FROM eomw_smw_atts2 WHERE
s_id = '" . $row2['smw_id'] . "' and p_id = '" .
$row3['smw_id'] . "'");
                            $row30 =
mysql_fetch_array($result30);


                            $result31 =
mysql_query("SELECT smw_id FROM eomw_smw_ids WHERE
smw_title = 'Y_coordinate'");
                            while($row31 =
mysql_fetch_array($result31))
                                {
                                $result32
= mysql_query("SELECT value_xsd FROM eomw_smw_atts2 WHERE
s_id = '" . $row2['smw_id'] . "' and p_id = '" .
$row31['smw_id'] . "'");
                                $row32 =
mysql_fetch_array($result32);


    $result33 = mysql_query("SELECT smw_id FROM
eomw_smw_ids WHERE smw_title = 'Represents'");

    while($row33 = mysql_fetch_array($result33))
                                                {


    $result34 = mysql_query("SELECT o_id FROM
eomw_smw_rels2 WHERE s_id = '" . $row2['smw_id'] . "' and
p_id = '" . $row33['smw_id'] . "'");

    while($row34 = mysql_fetch_array($result34))
```

```php
    {

        $result35 = mysql_query("SELECT smw_title FROM
eomw_smw_ids WHERE smw_id = '" . $row34['o_id'] . "'");

        while($row35 = mysql_fetch_array($result35))

        {

            $result36 = mysql_query("SELECT page_id
from eomw_page WHERE page_title='" . $row35['smw_title'] .
"'");

            $row36 = mysql_fetch_array($result36);



            $result37 = mysql_query("SELECT pl_title
from eomw_pagelinks WHERE pl_from='" . $row36['page_id'] .
"'");

            while($row37 =
mysql_fetch_array($result37))

            {

                if
(($row37['pl_title']=="COMPOSITE_ACTOR_ROLE") ||
($row37['pl_title']=="ELEMENTARY_ACTOR_ROLE") ||
($row37['pl_title']=="TRANSACTION_KIND")){

                    echo $row37['pl_title'];

                    $symbol_type = $row37['pl_title'];


                    //$symbol_type =
check_symbol_type($row37);

                //}



                                        echo
"<table border='1'>";
                                        echo
"<tr>";
                                        echo
"<th>Symbol page title</th>";
                                        echo
"<th>Symbol page ID</th>";
                                        echo
"<th>X coord - Property SMW ID</th>";
```

```php
echo "<th>X coord</th>";
echo "<th>Y coord - Property SMW ID</th>";
echo "<th>Y coord</th>";
echo "<th>Represents</th>";
echo "<th>which is a</th>";
echo "</tr>";
echo "<tr>";
echo "<td>" . $row2['smw_title'] . "</td>";
echo "<td>" . $row2['smw_id'] . "</td>";
echo "<td>" . $row3['smw_id'] . "</td>";
echo "<td>" . $row30['value_xsd'] . "</td>";
echo "<td>" . $row31['smw_id'] . "</td>";
echo "<td>" . $row32['value_xsd'] . "</td>";
echo "<td>" . $row35['smw_title'] . "</td>";
echo "<td>" . $row37['pl_title'] . "</td>";
echo "</tr>";
echo "</table>";
}
}


    if (($symbol_type=="ELEMENTARY_ACTOR_ROLE") ||
($symbol_type=="COMPOSITE_ACTOR_ROLE")){


    $create_new_g_node = $dom->createElement('g');
    //$create_new_g_node->setAttribute("onclick",
"get_button(evt)");

    $tagSVG->appendChild($create_new_g_node);


    $tag_new_g = $dom->getElementsByTagName('g')-
>item($g_index);
```

```php
      // DRAWS «ACTOR_ROLE» SYMBOLS
      $create_new_node_inside_g = $dom-
>createElement('rect');


      $create_new_node_inside_g->setAttribute("id",
"symbol_id_" .$row2['smw_id']);
      $create_new_node_inside_g->setAttribute("height",
"80");
      $create_new_node_inside_g->setAttribute("width",
"80");
      $create_new_node_inside_g->setAttribute("y",
$row32['value_xsd']);
      $create_new_node_inside_g->setAttribute("x",
$row30['value_xsd']);
      $create_new_node_inside_g->setAttribute("stroke-
width", "2");
      $create_new_node_inside_g->setAttribute("stroke",
"#000000");
      if ($symbol_type=="ELEMENTARY_ACTOR_ROLE"){
            $create_new_node_inside_g-
>setAttribute("fill", "#FFFFFF");
      }
      if ($symbol_type=="COMPOSITE_ACTOR_ROLE"){
            $create_new_node_inside_g-
>setAttribute("fill", "#C0C0C0");
      }


      $tag_new_g->appendChild($create_new_node_inside_g);


      //Breaks the text
      $hifen_position = strpos($row35['smw_title'], "-");
      $underscore_position = strpos($row35['smw_title'],
"_");

      $text_first_part = substr($row35['smw_title'], 0,
$hifen_position);


      if ($underscore_position!=0){
            $text_second_part_temp =
substr($row35['smw_title'], $hifen_position+1,
strlen($row35['smw_title']));
            $underscore_new_position =
strpos($text_second_part_temp, "_");
            $text_second_part =
substr($text_second_part_temp, 0,
$underscore_new_position);

      }
      else
      {
```

```php
            $text_second_part =
substr($row35['smw_title'], $hifen_position+1,
strlen($row35['smw_title']));
        }


    // TEXT INSIDE ACTOR
    $create_new_node_inside_g = $dom-
>createElement('text', $text_first_part);

    $create_new_node_inside_g->setAttribute("xml:space",
"preserve");
    $create_new_node_inside_g->setAttribute("text-
anchor", "middle");
    $create_new_node_inside_g->setAttribute("font-
family", "serif");
    $create_new_node_inside_g->setAttribute("font-size",
"12");
    $create_new_node_inside_g->setAttribute("id",
"text_id_" .$row2['smw_id']);
    $create_new_node_inside_g->setAttribute("y",
$row32['value_xsd']+30);
    $create_new_node_inside_g->setAttribute("x",
$row30['value_xsd']+40);
    $create_new_node_inside_g->setAttribute("stroke-
width", "0");
    $create_new_node_inside_g->setAttribute("stroke",
"#000000");
    $create_new_node_inside_g->setAttribute("fill",
"#000000");

    $tag_new_g->appendChild($create_new_node_inside_g);



    $create_new_node_inside_g = $dom-
>createElement('text', $text_second_part);

    $create_new_node_inside_g->setAttribute("xml:space",
"preserve");
    $create_new_node_inside_g->setAttribute("text-
anchor", "middle");
    $create_new_node_inside_g->setAttribute("font-
family", "serif");
    $create_new_node_inside_g->setAttribute("font-size",
"12");
    $create_new_node_inside_g->setAttribute("id",
"text_id_" .$row2['smw_id']);
    $create_new_node_inside_g->setAttribute("y",
$row32['value_xsd']+50);
    $create_new_node_inside_g->setAttribute("x",
$row30['value_xsd']+40);
    $create_new_node_inside_g->setAttribute("stroke-
width", "0");
    $create_new_node_inside_g->setAttribute("stroke",
"#000000");
    $create_new_node_inside_g->setAttribute("fill",
"#000000");
```

```php
$tag_new_g->appendChild($create_new_node_inside_g);



    if ($underscore_position!=0){
    $text_third_part = substr($row35['smw_title'],
$underscore_position+1, strlen($row35['smw_title']));

    $create_new_node_inside_g = $dom-
>createElement('text', $text_third_part);

    $create_new_node_inside_g->setAttribute("xml:space",
"preserve");
    $create_new_node_inside_g->setAttribute("text-
anchor", "middle");
    $create_new_node_inside_g->setAttribute("font-
family", "serif");
    $create_new_node_inside_g->setAttribute("font-size",
"12");
    $create_new_node_inside_g->setAttribute("id",
"text_id_" .$row2['smw_id']);
    $create_new_node_inside_g->setAttribute("y",
$row32['value_xsd']+70);
    $create_new_node_inside_g->setAttribute("x",
$row30['value_xsd']+40);
    $create_new_node_inside_g->setAttribute("stroke-
width", "0");
    $create_new_node_inside_g->setAttribute("stroke",
"#000000");
    $create_new_node_inside_g->setAttribute("fill",
"#000000");

    $tag_new_g->appendChild($create_new_node_inside_g);

    }



    //<text xml:space="preserve" text-anchor="middle"
font-family="serif" font-size="24" id="svg_3" y="187"
x="271" stroke-width="0" stroke="#000000"
fill="#000000">hjhjhj</text>


    $g_index = $g_index + 1;

    }



    // DRAWS «TRANSACTION_KIND» SYMBOLS
    if (($symbol_type=="TRANSACTION_KIND")){
```

```php
$create_new_g_node = $dom->createElement('g');


$tagSVG->appendChild($create_new_g_node);


$tag_new_g = $dom->getElementsByTagName('g')-
>item($g_index);


$create_new_node_inside_g = $dom-
>createElement('circle');

$create_new_node_inside_g->setAttribute("id",
"symbol_id_" .$row2['smw_id']);
$create_new_node_inside_g->setAttribute("r", "40");
$create_new_node_inside_g->setAttribute("cy",
$row32['value_xsd']+25);
$create_new_node_inside_g->setAttribute("cx",
$row30['value_xsd']+40);
$create_new_node_inside_g->setAttribute("stroke-
width", "2");
$create_new_node_inside_g->setAttribute("stroke",
"#000000");
$create_new_node_inside_g->setAttribute("fill",
"#FFFFFF");


$tag_new_g->appendChild($create_new_node_inside_g);


$create_new_node_inside_g = $dom-
>createElement('rect');

$create_new_node_inside_g->setAttribute("transform",
"rotate(45, " .($row30['value_xsd']+40). ", " .
($row32['value_xsd']+40). ")");
$create_new_node_inside_g->setAttribute("id",
"symbol_id_" .$row2['smw_id']);
$create_new_node_inside_g->setAttribute("height",
"54");
$create_new_node_inside_g->setAttribute("width",
"54");
$create_new_node_inside_g->setAttribute("y",
$row32['value_xsd']+3);
$create_new_node_inside_g->setAttribute("x",
$row30['value_xsd']+3);
$create_new_node_inside_g->setAttribute("stroke-
width", "2");
$create_new_node_inside_g->setAttribute("stroke",
"#000000");
$create_new_node_inside_g->setAttribute("fill",
"#FFFFFF");
```

```php
        $tag_new_g->appendChild($create_new_node_inside_g);



        //Breaks the text
        $hifen_position = strpos($row35['smw_title'], "-");
        $underscore_position = strpos($row35['smw_title'],
"_");

        $text_first_part = substr($row35['smw_title'], 0,
$hifen_position);


        if ($underscore_position!=0){
            $text_second_part_temp =
substr($row35['smw_title'], $hifen_position+1,
strlen($row35['smw_title']));
            $underscore_new_position =
strpos($text_second_part_temp, "_");
            $text_second_part =
substr($text_second_part_temp, 0,
$underscore_new_position);

        }
        else
        {
            $text_second_part =
substr($row35['smw_title'], $hifen_position+1,
strlen($row35['smw_title']));
        }


        // TEXT INSIDE TRANSACTION
        $create_new_node_inside_g = $dom-
>createElement('text', $text_first_part);

        $create_new_node_inside_g->setAttribute("xml:space",
"preserve");
        $create_new_node_inside_g->setAttribute("text-
anchor", "middle");
        $create_new_node_inside_g->setAttribute("font-
family", "serif");
        $create_new_node_inside_g->setAttribute("font-size",
"12");
        $create_new_node_inside_g->setAttribute("id",
"text_id_" .$row2['smw_id']);
        $create_new_node_inside_g->setAttribute("y",
$row32['value_xsd']+30);
        $create_new_node_inside_g->setAttribute("x",
$row30['value_xsd']+40);
        $create_new_node_inside_g->setAttribute("stroke-
width", "0");
        $create_new_node_inside_g->setAttribute("stroke",
"#000000");
        $create_new_node_inside_g->setAttribute("fill",
"#000000");
```

```php
        $tag_new_g->appendChild($create_new_node_inside_g);


        // TEXT BELOW TRANSACTION
        $create_new_node_inside_g = $dom-
>createElement('text', $text_second_part);

        $create_new_node_inside_g->setAttribute("xml:space",
"preserve");
        $create_new_node_inside_g->setAttribute("text-
anchor", "middle");
        $create_new_node_inside_g->setAttribute("font-
family", "serif");
        $create_new_node_inside_g->setAttribute("font-size",
"12");
        $create_new_node_inside_g->setAttribute("id",
"text_id_" .$row2['smw_id']);
        $create_new_node_inside_g->setAttribute("y",
$row32['value_xsd']+80);
        $create_new_node_inside_g->setAttribute("x",
$row30['value_xsd']+40);
        $create_new_node_inside_g->setAttribute("stroke-
width", "0");
        $create_new_node_inside_g->setAttribute("stroke",
"#000000");
        $create_new_node_inside_g->setAttribute("fill",
"#000000");

        $tag_new_g->appendChild($create_new_node_inside_g);




        if ($underscore_position!=0){
        $text_third_part = substr($row35['smw_title'],
$underscore_position+1, strlen($row35['smw_title']));

        $create_new_node_inside_g = $dom-
>createElement('text', $text_third_part);

        $create_new_node_inside_g->setAttribute("xml:space",
"preserve");
        $create_new_node_inside_g->setAttribute("text-
anchor", "middle");
        $create_new_node_inside_g->setAttribute("font-
family", "serif");
        $create_new_node_inside_g->setAttribute("font-size",
"12");
        $create_new_node_inside_g->setAttribute("id",
"text_id_" .$row2['smw_id']);
        $create_new_node_inside_g->setAttribute("y",
$row32['value_xsd']+100);
        $create_new_node_inside_g->setAttribute("x",
$row30['value_xsd']+40);
        $create_new_node_inside_g->setAttribute("stroke-
width", "0");
        $create_new_node_inside_g->setAttribute("stroke",
```

```php
"#000000");
        $create_new_node_inside_g->setAttribute("fill",
"#000000");

        $tag_new_g->appendChild($create_new_node_inside_g);

        }



        $g_index = $g_index + 1;

        }


        ////***************http://www.php.net/manual/en/func
tion.domnode-append-child.php
        ////http://svg-whiz.com/samples.html



        //<g>
  //<title>Layer 1</title>
  //<polyline se:connector="svg_3 svg_2" fill="none"
stroke-width="5" stroke="#000000" points="396.351,227.5
361.276,177.5 326.202,127.5" id="svg_5"/>
  //<polyline se:connector="svg_1 svg_2" fill="none"
stroke-width="5" stroke="#000000" points="114.5,103.181
191,99.0271 267.5,94.8733" id="svg_4"/>
  //<rect id="svg_1" height="62" width="62" y="74" x="50"
stroke-width="5" stroke="#000000" fill="#FF0000"/>
  //<rect id="svg_2" height="64" width="64" y="61" x="270"
stroke-width="5" stroke="#000000" fill="#FF0000"/>
  //<rect id="svg_3" height="61" width="61" y="230"
x="389" stroke-width="5" stroke="#000000" fill="#FF0000"/>
  //</g>
                                                        }
                                                        }
                                                        }




                                        }

                                //}

                        }

                }
        }
```

```php
        }


        // «ACTOR_ROLE.is_the_executor_of.TRANSACTION_KIND»
and «ACTOR_ROLE.is_an_initiator_of.TRANSACTION_KIND»

$result = mysql_query("SELECT page_title from eomw_page
tbl1 INNER JOIN eomw_pagelinks tbl2 ON tbl1.page_id =
tbl2.pl_from WHERE pl_title='" . $diagram_name . "'");


while($row = mysql_fetch_array($result))
    {
        //echo $row['page_title'];
        // testar com % antes do -symbol
        $result2 = mysql_query("SELECT smw_id,
smw_title FROM eomw_smw_ids WHERE smw_title LIKE '" .
$row['page_title'] . "-symbol%'");

        while($row2 = mysql_fetch_array($result2))
            {
                //estas 2 linhas servem para
eliminar os «.is_an_initiator_of.» e
«.is_the_executor_of.»
                $is_position =
strpos($row2['smw_title'], ".is_");
                if ($is_position!=0){

                $result21 = mysql_query("SELECT
smw_id FROM eomw_smw_ids WHERE smw_title =
'Connector_point_1'");
                $row21 =
mysql_fetch_array($result21);
                //echo $row21['smw_id'];

                $result22 = mysql_query("SELECT
o_id FROM eomw_smw_rels2 WHERE s_id = '" . $row2['smw_id']
. "' and p_id = '" . $row21['smw_id'] . "'");
                $row22 =
mysql_fetch_array($result22);
                //echo $row22['o_id'];


                $result23 = mysql_query("SELECT
smw_id FROM eomw_smw_ids WHERE smw_title =
'X_coordinate'");
                $row23 =
mysql_fetch_array($result23);
                //echo $row23['smw_id'];

                $result24 = mysql_query("SELECT
value_xsd FROM eomw_smw_atts2 WHERE s_id = '" .
$row22['o_id'] . "' and p_id = '" . $row23['smw_id'] .
"'");
                $row24 =
mysql_fetch_array($result24);
                //echo $row24['value_xsd'];
```

```php
                        $result25 = mysql_query("SELECT
smw_id FROM eomw_smw_ids WHERE smw_title =
'Y_coordinate'");
                        $row25 =
mysql_fetch_array($result25);
                        //echo $row25['smw_id'];


                        $result26 = mysql_query("SELECT
value_xsd FROM eomw_smw_atts2 WHERE s_id = '" .
$row22['o_id'] . "' and p_id = '" . $row25['smw_id'] .
"'");
                        $row26 =
mysql_fetch_array($result26);
                        //echo $row26['value_xsd'];




                        $result27 = mysql_query("SELECT
smw_id FROM eomw_smw_ids WHERE smw_title =
'Connector_point_2'");
                        $row27 =
mysql_fetch_array($result27);
                        //echo $row27['smw_id'];

                        $result271 = mysql_query("SELECT
o_id FROM eomw_smw_rels2 WHERE s_id = '" . $row2['smw_ic
. "' and p_id = '" . $row27['smw_id'] . "'");
                        $row271 =
mysql_fetch_array($result271);
                        //echo $row271['o_id'];



                        $result272 = mysql_query("SELECT
smw_id FROM eomw_smw_ids WHERE smw_title =
'X_coordinate'");
                        $row272 =
mysql_fetch_array($result272);
                        //echo $row272['smw_id'];

                        $result273 = mysql_query("SELECT
value_xsd FROM eomw_smw_atts2 WHERE s_id = '" .
$row271['o_id'] . "' and p_id = '" . $row272['smw_id'] .
"'");
                        $row273 =
mysql_fetch_array($result273);
                        //echo $row273['value_xsd'];

                        $result274 = mysql_query("SELECT
smw_id FROM eomw_smw_ids WHERE smw_title =
'Y_coordinate'");
                        $row274 =
mysql_fetch_array($result274);
                        //echo $row274['smw_id'];

                        $result275 = mysql_query("SELECT
value_xsd FROM eomw_smw_atts2 WHERE s_id = '" .
```

```php
$row271['o_id'] . "' and p_id = '" . $row274['smw_id'] .
"'");
                                    $row275 =
mysql_fetch_array($result275);
                                //echo $row275['value_xsd'];




                                //$result3 = mysql_query("SELECT
smw_id FROM eomw_smw_ids WHERE smw_title =
'X_coordinate'");

                                //while($row3 =
mysql_fetch_array($result3))
                                        //{

                                        //$result30 =
mysql_query("SELECT value_xsd FROM eomw_smw_atts2 WHERE
s_id = '" . $row3['smw_id'] . "' and p_id = '" .
$row3['smw_id'] . "'");
                                        //$row30 =
mysql_fetch_array($result30);



                                        //$result31 =
mysql_query("SELECT smw_id FROM eomw_smw_ids WHERE
smw_title = 'Y_coordinate'");
                                        //while($row31 =
mysql_fetch_array($result31))
                                                //{
                                                //
$result32 = mysql_query("SELECT value_xsd FROM
eomw_smw_atts2 WHERE s_id = '" . $row3['smw_id'] . "' and
p_id = '" . $row31['smw_id'] . "'");
                                                //$row32 =
mysql_fetch_array($result32);



    $result33 = mysql_query("SELECT smw_id FROM
eomw_smw_ids WHERE smw_title = 'Represents'");

    while($row33 = mysql_fetch_array($result33))
                                                        {


    $result34 = mysql_query("SELECT o_id FROM
eomw_smw_rels2 WHERE s_id = '" . $row2['smw_id'] . "' and
p_id = '" . $row33['smw_id'] . "'");

    while($row34 = mysql_fetch_array($result34))

    {

        $result35 = mysql_query("SELECT smw_title FROM
eomw_smw_ids WHERE smw_id = '" . $row34['o_id'] . "'");

        while($row35 = mysql_fetch_array($result35))
```

```php
					{

				$result36 = mysql_query("SELECT page_id
from eomw_page WHERE page_title='" . $row35['smw_title'] .
"'");

				$row36 = mysql_fetch_array($result36);



				$result37 = mysql_query("SELECT pl_title
from eomw_pagelinks WHERE pl_from='" . $row36['page_id'] .
"'");

				while($row37 =
mysql_fetch_array($result37))

					{

						if
(($row37['pl_title']=="ACTOR_ROLE.is_the_executor_of.TRANS
ACTION_KIND") ||
($row37['pl_title']=="ACTOR_ROLE.is_an_initiator_of.TRANSA
CTION_KIND")){

						echo $row37['pl_title'];

						$symbol_type2 =
$row37['pl_title'];




						echo
"<table border='1'>";
						echo
"<tr>";
						echo
"<th>Symbol page title</th>";
						echo
"<th>Symbol page ID</th>";
						//echo
"<th>connector_point_1 - Property SMW ID</th>";
						echo
"<th>connector_point_1</th>";
						//echo
"<th>connector_point_2 - Property SMW ID</th>";
						echo
"<th>connector_point_2</th>";
						echo
```

```php
echo "<th>Represents</th>";
echo "<th>which is a</th>";
echo "</tr>";
echo "<tr>";
echo "<td>" . $row2['smw_title'] . "</td>";
echo "<td>" . $row2['smw_id'] . "</td>";
//echo "<td>" . $row3['smw_id'] . "</td>";
echo "<td>" . $row24['value_xsd'] . "," . $row26['value_xsd'] . "</td>";
//echo "<td>" . $row31['smw_id'] . "</td>";
echo "<td>" . $row273['value_xsd'] . "," . $row275['value_xsd'] . "</td>";
echo "<td>" . $row35['smw_title'] . "</td>";
echo "<td>" . $row37['pl_title'] . "</td>";
echo "</tr>";
echo "</table>";
}
}



if
(($symbol_type2=="ACTOR_ROLE.is_the_executor_of.TRANSACTIO
N_KIND") ||
($symbol_type2=="ACTOR_ROLE.is_an_initiator_of.TRANSACTION
_KIND")){


$create_new_g_node = $dom->createElement('g');


$tagSVG->appendChild($create_new_g_node);


$tag_new_g = $dom->getElementsByTagName('g')-
>item($g_index);


$create_new_node_inside_g = $dom-
>createElement('polyline');
```

```php
        $create_new_node_inside_g->setAttribute("id",
"symbol_id_" .$row2['smw_id']. "_polyline");
        $create_new_node_inside_g->setAttribute("points",
$row24['value_xsd'] . " " . $row26['value_xsd'] . " " .
$row273['value_xsd'] . " " . $row275['value_xsd']);
        $create_new_node_inside_g->setAttribute("stroke-
width", "2");
        $create_new_node_inside_g->setAttribute("stroke",
"#000000");
        $create_new_node_inside_g->setAttribute("fill",
"#FFFFFF");


        $tag_new_g->appendChild($create_new_node_inside_g);


        if
($symbol_type2=="ACTOR_ROLE.is_the_executor_of.TRANSACTION
_KIND"){
        $create_new_node_inside_g = $dom-
>createElement('rect');

        $create_new_node_inside_g->setAttribute("id",
"symbol_id_" .$row2['smw_id']. "_rect");
        $create_new_node_inside_g->setAttribute("height",
"10");
        $create_new_node_inside_g->setAttribute("width",
"10");
        $create_new_node_inside_g->setAttribute("y",
$row275['value_xsd']-4);
        $create_new_node_inside_g->setAttribute("x",
$row273['value_xsd']);
        $create_new_node_inside_g->setAttribute("stroke-
width", "2");
        $create_new_node_inside_g->setAttribute("stroke",
"#000000");
        $create_new_node_inside_g->setAttribute("fill",
"#000000");


        $tag_new_g->appendChild($create_new_node_inside_g);
        }


        $g_index = $g_index + 1;

        //<polyline se:connector="svg_3 svg_2" fill="none"
stroke-width="5" stroke="#000000" points="396.351,227.5
361.276,177.5 326.202,127.5" id="svg_5"/>
        }


                                                        }
```

```php
                                                          }
                                                          }




                                        //}

                                //}

                        //}

                }

                }



        }



        mysql_close($con);


        //echo getcwd();

        //$nome_ficheiro = 'C:\xampp\htdocs\\'.
        $initargs['diagram'].'.svg';

        $nome_ficheiro =
        getcwd().'\extensions\SemanticDEMO\svg\\'.
        $diagram_name.'.svg';

        //echo $nome_ficheiro;

            //echo $nome_ficheiro;
            $dom->save($nome_ficheiro);

        $show_created_svg = "Diagram: ".$diagram_name."<br />";
        $show_created_svg = $show_created_svg."View SVG:
        http://localhost/wiki/extensions/SemanticDEMO/svg/".
        $diagram_name.".svg";
```

```php
    return $show_created_svg;

    //$iframe = "<IFRAME src='http://localhost/new-dummy.svg'
    width='800px' height='600px' scrolling='yes'
    frameborder='1' />";

    //return $iframe;

    }


    ?>
```

O seguinte código SVG foi desenvolvido para o ficheiro "dummy.svg".

```xml
<?xml version="1.0" encoding="UTF-8" standalone="no"?>
<!DOCTYPE svg PUBLIC "-//W3C//DTD SVG 1.1//EN"
"http://www.w3.org/Graphics/SVG/1.1/DTD/svg11.dtd">
<svg width="1024pt" height="768pt"
     xmlns:xlink="http://www.w3.org/1999/xlink"
xmlns:a3="http://ns.adobe.com/AdobeSVGViewerExtension/3.0/
"
     xmlns="http://www.w3.org/2000/svg"
xmlns:se="http://svg-edit.googlecode.com"
   onload='Init(evt)'
   onmousedown='Grab(evt)'
   onmousemove='Drag(evt)'
   onmouseup='Drop(evt)'>

   //<script type="text/ecmascript"
xlink:href="../includes/helper_functions.js"/>
   //<script type="text/ecmascript"
xlink:href="../includes/timer.js"/>
   //<script type="text/ecmascript"
xlink:href="../includes/button.js"/>

   <script type="text/ecmascript"><![CDATA[
     var SVGDocument = null;
     var SVGRoot = null;

     var TrueCoords = null;
     var GrabPoint = null;
     var BackDrop = null;
     var DragTarget = null;

       //var textbutton1;

     function Init(evt)
     {

         SVGDocument = evt.target.ownerDocument;
        SVGRoot = SVGDocument.documentElement;

        // these svg points hold x and y values...
```

```
                        //      very handy, but they do not display on the
screen (just so you know)
            TrueCoords = SVGRoot.createSVGPoint();
            GrabPoint = SVGRoot.createSVGPoint();

            // this will serve as the canvas over which items
are dragged.
            //      having the drag events occur on the
mousemove over a backdrop
            //      (instead of the dragged element) prevents
the dragged element
            //      from being inadvertantly dropped when the
mouse is moved rapidly
            BackDrop =
SVGDocument.getElementById('BackDrop');

        }


        function Grab(evt)
        {
            // find out which element we moused down on
                //var targetElement = evt.target;

                // Grabs all elements inside a <g> tag (by
Jorge Capela)
            var targetElement = evt.target.parentNode;

            // you cannot drag the background itself or the
save button, so ignore any attempts to mouse down on it
            if ( BackDrop != targetElement )
            {
            //set the item moused down on as the element
to be dragged
                DragTarget = targetElement;

                // move this element to the "top" of the
display, so it is (almost)
                //      always over other elements (exception:
in this case, elements that are
                //      "in the folder" (children of the folder
group) with only maintain
                //      hierarchy within that group
                DragTarget.parentNode.appendChild( DragTarget
);

                // turn off all pointer events to the dragged
element, this does 2 things:
                //      1) allows us to drag text elements
without selecting the text
                //      2) allows us to find out where the
dragged element is dropped (see Drop)
                DragTarget.setAttributeNS(null, 'pointer-
events', 'none');

                // we need to find the current position and
translation of the grabbed element,
                //      so that we only apply the differential
between the current location
```

```
            //     and the new location
            var transMatrix = DragTarget.getCTM();
            GrabPoint.x = TrueCoords.x -
Number(transMatrix.e);
            GrabPoint.y = TrueCoords.y -
Number(transMatrix.f);
        }
    };


    function Drag(evt)
    {
        // account for zooming and panning
        GetTrueCoords(evt);

        // if we don't currently have an element in tow,
don't do anything
        if (DragTarget)
        {
            // account for the offset between the
element's origin and the
            //     exact place we grabbed it... this way,
the drag will look more natural
            var newX = TrueCoords.x - GrabPoint.x;
            var newY = TrueCoords.y - GrabPoint.y;

            // apply a new tranform translation to the
dragged element, to display
            //     it in its new location
            DragTarget.setAttributeNS(null, 'transform',
'translate(' + newX + ',' + newY + ')');
        }
    };


    function Drop(evt)
    {
        // if we aren't currently dragging an element,
don't do anything
        if ( DragTarget )
        {
            // since the element currently being dragged
has its pointer-events turned off,
            //     we are afforded the opportunity to find
out the element it's being dropped on
            var targetElement = evt.target;

            // turn the pointer-events back on, so we can
grab this item later
            DragTarget.setAttributeNS(null, 'pointer-
events', 'all');
            if ( 'Folder' == targetElement.parentNode.id )
            {
                // if the dragged element is dropped on an
element that is a child
                //     of the folder group, it is inserted
as a child of that group
                targetElement.parentNode.appendChild( DragT
```

```
arget );
                //alert(DragTarget.id + ' has been dropped
into a folder, and has been inserted as a child of the
containing group.');
                }
            else
            {
                // for this example, you cannot drag an
item out of the folder once it's in there;
                //      however, you could just as easily do
so here
                //alert(DragTarget.id + ' has been dropped
on top of ' + targetElement.id);
            }

            // set the global variable to null, so nothing
will be dragged until we
            //      grab the next element
            DragTarget = null;


            }
    };


    function GetTrueCoords(evt)
    {
        // find the current zoom level and pan setting,
and adjust the reported
        //      mouse position accordingly
        var newScale = SVGRoot.currentScale;
        var translation = SVGRoot.currentTranslate;
        TrueCoords.x = (evt.clientX -
translation.x)/newScale;
        TrueCoords.y = (evt.clientY -
translation.y)/newScale;
    };


    ]]></script>


</svg>
```

A.4 Testar as extensões *SemanticGraph* e *SemanticDEMO*

Para obter um diagrama utilizando a extensão *SemanticGraph*:

1. Navegar em "http://localhost/wiki/index.php/Special:AHPages"
   a) Clique na página "Teste_SemanticGraph2" (deve utilizar o browser Opera ou Google Chrome), e verá a figura 89.

A07
exam
scheduler
T07
exam
scheduling
A08
exam
manager
T08
exam
management

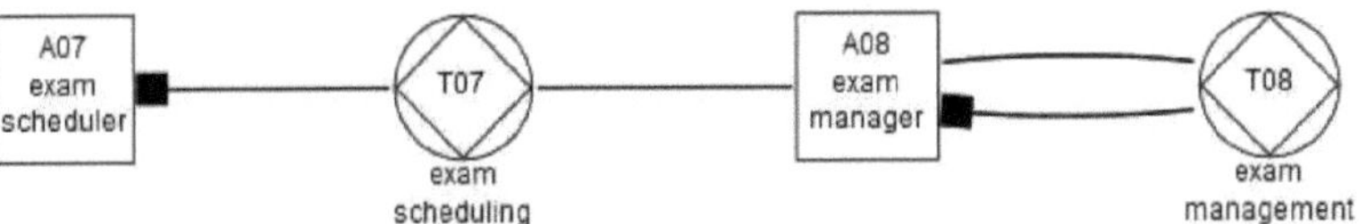

Figura 89: Diagrama DEMO (ATD) gerado com a extensão *SemanticGraph*

Para obter um diagrama utilizando a extensão *SemanticDEMO*:

1. Navegar em "http://localhost/wiki/index.php/Special:AHPages"
   a) Clique na página "ATD3" e verá a figura 90.

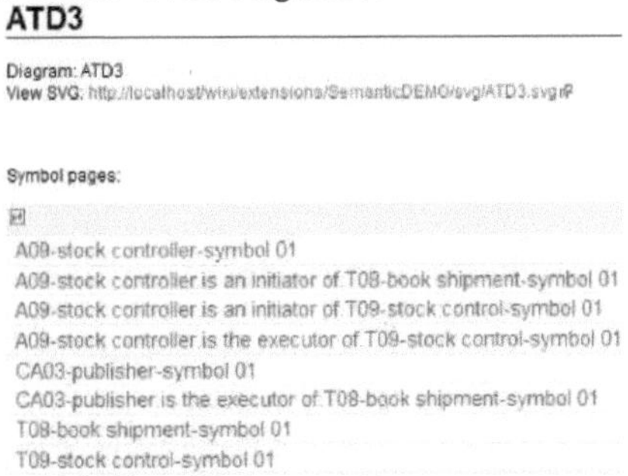

ATD3
Diagram: ATD3
View SVG: http://localhost/wiki/extensions/SemanticDEMO/svg/ATD3.svg
Symbol pages:
A09-stock controller-symbol 01
A09-stock controller is an initiator of T08-book shipment-symbol 01
A09-stock controller is an initiator of T09-stock control-symbol 01
A09-stock controller is the executor of T09-stock control-symbol 01
CA03-publisher-symbol 01
CA03-publisher is the executor of T08-book shipment-symbol 01
T08-book shipment-symbol 01
T09-stock control-symbol 01

Figura 90: Página de teste ATD3 depois de gerar o diagrama utilizando a extensão *SemanticDEMO*

b) Clique na ligação ao lado de "View SVG:" e deverá ver a figura 91.

CA03
publisher
T08
book
shipment
A09
stock
controller
T09
stock
control

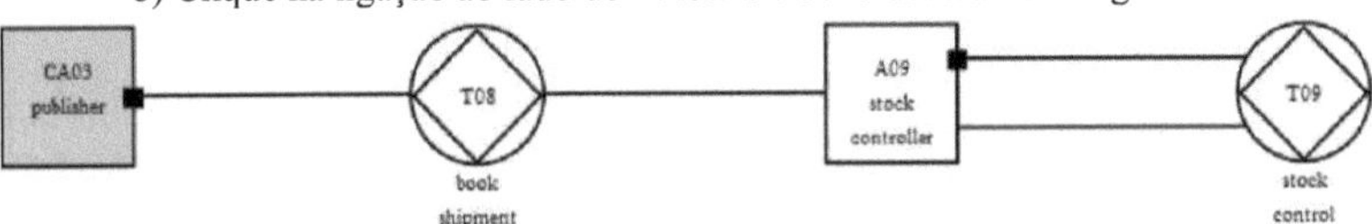

Figura 91: Diagrama DEMO (ATD) gerado com a extensão *SemanticDEMO*

yes
I want morebooks!

Buy your books fast and straightforward online - at one of world's fastest growing online book stores! Environmentally sound due to Print-on-Demand technologies.

Buy your books online at
www.morebooks.shop

Compre os seus livros mais rápido e diretamente na internet, em uma das livrarias on-line com o maior crescimento no mundo! Produção que protege o meio ambiente através das tecnologias de impressão sob demanda.

Compre os seus livros on-line em
www.morebooks.shop

Printed by Books on Demand GmbH, Norderstedt / Germany